El ADN espiritual

El ADN espiritual

Método de iluminación espiritual

Por

Abraham Aizenman

Esta es la primera edición del libro.

Fecha de publicación: Agosto 23, 2017. Fecha de publicación según calendario hebreo: Elul 1, 5777.

El ADN espiritual y sus traducciones está disponible en los siguientes formatos digitales: EPUB, MOBI, POD.

Para recibir: actualizaciones, contenido adicional y otros servicios, favor registrarse al sitio web:

http://abrahamaizenman.com/es/

Email: aaizenm@gmx.com

"Todo lo que nos pasa es para bien y tiene explicación"

Abraham Aizenman

Carta de Recomendación

ד"ר רפאל גרנות N.D Ph. D ברפואה טבעית

יועץ מוסמך לעניני בריאות בכל ענפי הרפואה הטבעית

בדיקת שיער לאבחון מחלות הגוף

כל אדם הוא עולם שלם

✔ בדיקת שיער מדוייקת.

✔ התאמה אישית של מזון ותרופות.

✔ מאמן: שמירת בריאות, ריפוי מחלות, ספורט וזוגיות.

משרד: בני ברק | טל: 03-5796717 | נייד: 050-4182887 | www.drgranot.co.il

בס"ד

אל אולם אירועים 2018

אולם נאות מרדכי

הסכמה וברכה !

(Traducción de la carta de recomendación para este libro)

Dr. Raphael Granot N.D PhD en Medicina Natural

Agosto 2018 – Elul 5778 B"H

Consentimiento y Bendición!

El escritor Abraham Aizenman me permitió revisar el libro: *El ADN Espiritual* que escribió y publicó. Me impresionó mucho el contenido escrito. Es claro, ordenado y lleno de sabiduría! El lector puede entender la idea y la elevación del pensamiento planteado en su contenido.

El autor Abraham [Que su luz brille] despierta, expande y eleva toda la sabiduría oculta de la Cabalá y especialmente de las explicaciones del Rabino Yehuda Leib Ashlag zk "ll - Baal HaSulam. La persona interesada y leyente puede aprender e inclusive despertar su curiosidad para conseguir esta sabiduría profunda.

Abraham estudió Torá oculta también de mí, y estoy orgulloso de esto. Lo bendigo y le deseo que continúe expandiéndose en la Torá y en la sabiduría de la Cabalá.

Rabi Raphael Granot shlit"a

Bnei Brak

0525-919743

www.drgranot.co.il | 050-4182887 | 03-5796717

Tabla de Contenido

El ADN espiritual

Prólogo

Primero quiero hacer presente y agradecer al Creador todopoderoso, bendito sea, por darme la fuerza y ayuda para poder completar este libro.

De niño siempre fui incrédulo y poco atento a las cuestiones religiosas o espirituales, aunque sí aplicado y con más interés y facilidad para las matemáticas y la abstracción, las ciencias positivas, las sociales y el arte.

Nací y me crié en Bogotá, Colombia, de padres judíos. En busca de una vida mejor, mi padre llegó de Polonia a los 12 años, justo cuando Hitler llegó al poder. Mi madre, hija de inmigrantes rumanos, nació en la zona montañosa andina, centro de las plantaciones de café en Colombia. Ella y sus hermanas habían sido educadas por severas instructoras en una escuela católica de monjas suizas franciscanas. Bajo una fuerte y estricta educación, influenciada y enfatizada también en su parte espiritual, mi madre tuvo el sano hábito de rezar, expresando sus necesidades por medio de la oración todos los días de su vida, y vale la pena mencionar que no recuerdo día en el que no la haya visto orar, tanto de mañana como de tarde.

Cursé la primaria y la secundaria en el Colegio Colombo Hebreo (CCH). Después de dos años de estudios básicos de Ingeniería en la Universidad de los Andes, me trasladé al Instituto Tecnológico de Israel –Technion– a continuar mis estudios en sistemas y computación. Mis años como estudiante universitario en Israel me traen fantásticos recuerdos. De espiritualidad, poco; sí por el lado de la bohemia, música, rumba y demás.

Éramos una familia tradicional de la comunidad hebrea de Bogotá, aunque poco religiosa. Durante muchos años y hasta mis 15, formé parte de un grupo liberal de jóvenes scouts que en nuestros campamentos solíamos sentarnos alrededor de una hoguera a cantar, hablar de la actualidad y de temas trascendentales, como el propósito de la vida, el deseo de alcanzar algún entendimiento espiritual, conocer la razón de la vida, qué era lo que nos hacía felices, el sistema socioeconómico en el que vivíamos, política, Medio Oriente, arte, etcétera.

De joven comencé a cuestionar las razones de mi existencia, el significado y el propósito de la vida y el de la muerte, con un intenso deseo espiritual.

A los 22 años viví un episodio que despertó para siempre mi interés por la espiritualidad. Una noche, mientras dormía, tuve la extraña e intensa sensación de la presencia de mi tía Olga –hermana de mi abuela–, que vivía siempre en constante preocupación por ayudar a los demás. En esa época, ella vivía a cientos de kilómetros de nosotros, en otra ciudad, pero aquella noche apareció claramente en mi conciencia. No podía verla con los ojos, pero mi cuerpo sintió físicamente que me aferraba de un brazo y me arrastraba hacia ella, como pidiéndome que la acompañara. Me desperté sobresaltado, asustado, pero con la sensación de haber vivido una experiencia real. Tardé en volver a dormirme. A la mañana, mis padres me informaron de que mi querida tía Olga había fallecido esa noche, "casualmente", a la misma hora en que yo había experimentado mi contacto con ella.

Entonces comencé a preguntarme si hay algo que, sin poseer masa física o magnética, comunica o une a la gente, algo como un sistema que, aunque imperceptible para nuestros cinco sentidos, existe y nos une a todos, no importa cuán lejos se está físicamente de otra persona, sin limitación de tiempo ni de espacio. Me preguntaba si era posible pensar y elaborar algo que opere como un sistema espiritual.

El tema de la espiritualidad se convirtió para mí en un tema audaz, e instó a llamar mi atención de forma tan especial que comencé a estudiar todo al respecto, tratando de ser realista e inmune a la fantasía, sin creer en cuentos de espíritus u otras inclinaciones poco científicas.

En el área espiritual estudié, y continúo haciéndolo hoy, con el apoyo de diferentes maestros que me abrieron las puertas en muchos temas relacionados con el mundo espiritual: la ley judía, el misticismo, la Cabalá, la gematría, astronomía, etcétera.

Hoy, cuarenta años después de aquella experiencia, puedo entender y valorar la importancia del sistema espiritual, las partes que lo forman y cómo hacer para que la jornada diaria sea vivida con plenitud de paz, tranquilidad y felicidad. Comencé a comprender que todo lo que nos sucede es para bien por alguna razón positiva, y que es la resultante del sistema espiritual que rige nuestras vidas y que compone e incluye todas las actividades en relación con el mundo que nos rodea: familiares, amigos, colegas y demás, así como con entidades públicas o privadas que interactúan en nuestra vida, de manera directa o indirecta.

¿Cuál es el problema al que se enfrenta la sociedad?

Los problemas de hoy en día en muchas partes del globo comienzan a perpetuar el temor y la desesperación, que, lamentablemente, van socavando nuestro existir. Esto genera cambios en nuestra vida.

La civilización está hundida en una crisis económica, ambiental y social en todo el globo. El sistema capitalista no da soluciones, más bien contribuye a incrementar nuestra preocupación, quitándonos fuerzas y haciéndonos perder de vista el horizonte.

¿Acaso hay algo que podamos hacer para lograr lo mejor de la vida bajo las condiciones del agitado siglo XXI como personas y en nuestras relaciones con el prójimo?

Este libro propone un método para la consecución y transformación de nuestra vida en algo de valor, con esperanza, pasión, integridad, optimismo, caridad, amor, gratitud, justicia, libertad y orden.

No se trata de vivir sin problemas, pues, como decía mi buen amigo André Assin (q.e.p.d.), la única persona que no tiene problemas es aquella que ya falleció.

Mientras vivamos habrá que corregir. Las cosas pueden ser cambiadas para bien, mejorando lo presente.

Espiritualidad en mi vida

Como parte de las costumbres de mi familia, nos enseñaron a hacer actos de caridad, a dar contribuciones de dinero a los pobres, a regalar ropa que no usamos, a dar de comer al necesitado, etc. Recuerdo que, cuando tenía 11 años, una noche llegó a pedir limosna un niño mendigo, de aproximadamente mi edad. Hacía frío y mi madre le dijo que esperara unos momentos. Después de un par de minutos, ella le entregó un suéter que me gustaba mucho y que seguía usando a pesar de sus varios años. El suéter ya me quedaba ajustado. Sin mucho pensar, mi madre le dio el suéter al mendigo. Yo, de inmediato, le dije que por favor le diera otra prenda y no ese suéter al que me sentía muy apegado. Entonces mi madre me respondió: «Nunca debes estar apegado a ninguna forma material, todas las formas materiales desaparecen un día, incluyendo nuestro cuerpo». Esta frase penetró en mí en el acto.

A la edad de 25 años, divorciado y después de un año y medio de casado en una horrible relación con mi exmujer, y una hija como producto de aquella relación, comenzó una de las más difíciles épocas de mi vida, en la que sufrí una depresión que duró cinco años. Esa realidad me llevó a estar enfermo y absorbió toda mi energía e hizo miserable mi vida. Mi mente se aferraba a un patrón de quejas, me culpaba a mí mismo y a mi exmujer; la autocompasión y el resentimiento fueron parte de mi vida en aquellos tiempos.

Consulté a psicólogos y consejeros, pero no sirvió de mucho. Hasta que me di cuenta de que si no me perdonaba a mí mismo o a mi exesposa, mi vida no sería feliz. Esta conclusión me hizo entender que el futuro estaba fuera de mi control y que debía actuar en el aquí y ahora. El perdón llegó lentamente. Aprendí que el enojo no cumple ningún propósito, sino lo contrario: fortalece mí falso yo, mi ego.

Hoy reconozco que no hay egoísmo sin choques ni discordias, y tengo en claro que mi mente no puede perdonar, sino solo mi alma, mi interior, mi ser. Demoré varios años en acercarme a mi paz interior, la cual me ayudó a comprender mejor el sistema espiritual y que, con el tiempo, me dio inmunidad total a la depresión, la que nunca volví a sentir, ¡nunca!

Cuando tenía 33 años, emigré a Canadá en busca de un futuro mejor. En ese momento, y por primera vez, comencé a estudiar temas relacionados con la tradición judía, incluyendo el *Talmud* y la Cabalá.

Así comencé a escribir los primeros puntos en el mapa del sistema espiritual y a recopilar datos de cierta relevancia.

Cinco años más tarde, me fui de vacaciones a Bogotá, a visitar a mi familia y amistades. Me reuní con mi buen amigo Pepe Rodero, un español radicado en Colombia. Después de un buen tiempo sin vernos, Pepe fijó su mirada sobre una espléndida y costosa camisa que yo vestía y que me había comprado una semana antes del viaje. Con poco recato y mucho de *jutzpa* (desfachatez, frescura) y antojo, Pepe me pidió que se la regalara; argumentó que le encantaba y que, por favor, se la obsequiara. La solicitud me tomó por sorpresa pues era la primera vez que yo la lucía. Me quedaba muy bien pero pensé « ¿cuántas veces Pepe me ha pedido algo?». Para hacer corta la historia, le regalé mi camisa nueva. Se mostró agradecido y se la puso de inmediato; yo me quedé en camiseta sin incomodarme mucho pues el clima era agradable. Hasta el día de hoy veo su sonrisa encantadora y la cara de alegría de Pepe. Para mí fue gratificante y me sentí contento de ver feliz a mi buen amigo. Fue la última vez que vi a Pepe. Volví a Canadá, y tres meses después me comunicaron que había muerto de un ataque al corazón a sus cuarenta años. Muy frecuentemente me pregunto ¿cómo me sentiría hoy si le hubiera negado la camisa? Para mí fue una oportunidad de vivir mi presente correctamente, dando amor. Su sonrisa y felicidad quedaron grabadas en mí para siempre.

Fue el comienzo de una formación adecuada y más estructurada en mi búsqueda de un camino claro y básico que delineara el sistema espiritual de cualquier ser humano. Aprendí a observar y analizar desde el punto de vista espiritual. Busqué la identidad espiritual que pudiera ofrecernos la clave hacia una existencia mejor. Me convertí en un callado pionero espiritual, en un investigador de la espiritualidad.

En mis horas libres y como hobby estudié cine. Como estudiante escribí, dirigí y produje algunos cortometrajes; uno de ellos, sobre un tema espiritual. Con un presupuesto muy ajustado filmé una película de 15 minutos de duración de tema espiritual llamada *Beshert* (Almas gemelas). Participé en varios festivales internacionales de cine y obtuve un premio en uno de ellos. *Beshert* es una historia de amor basada en la Cabalá, y dice que «cuarenta días antes de formarse un niño en el vientre de una mujer ya se escoge quién será su *beshert,* su pareja o alma gemela». La película cuenta la búsqueda por parte de un joven de su alma gemela.

(Se la puede ver en YouTube o alquilarla en el Centro de Distribución de Cineastas Canadienses en Toronto, Canadá.) Luego me establecí durante cinco años en los Estados Unidos hasta el final del año 2000, cuando decidí radicarme finalmente en Israel. Los años que viví en Canadá y en los EE. UU. me depararon una fuente de varias y diferentes revelaciones espirituales.

Aunque no está muy difundido, Israel posee la energía y la bendición eternas para que todos sus habitantes sean felices y se sientan satisfechos. Como está escrito en las *Sagradas Escrituras*, a la tierra de Israel se le concedió la capacidad divina de hacer feliz al que vive aquí. Este hecho es verdadero y no cabe lugar a duda.

Creo que Jerusalén es el lugar con la energía espiritual más potente del mundo, donde el alma de la persona vibra con más claridad y calidad. Tuve la suerte de visitar muchos lugares en todo el mundo que son reconocidos como vórtices de energía espiritual positiva. Se dice que en estos sitios el alma de la persona vibra en un nivel superior. Puedo mencionar, entre otros, a Sedona (Arizona), el Parque Nacional Banff (Canadá), Machu Picchu... De estos lugares emana energía espiritual positiva que se conecta a las almas de las personas. Pero no hay como Jerusalén. Si usted nunca la visitó, debería hacerlo, le hará sentir «especial».

Mi dolor es tu dolor

Durante muchas y diferentes ocasiones en la vida hemos sentido dolor, malestar, angustia, preocupación, trastornos, miedo, ofensas, tristezas y decepciones.

Innumerables veces experimenté estos sentimientos. Son situaciones terribles. Forman parte de la vida, sí, pero si deseamos seguir viviendo, nunca debemos aceptar ser derrotados, ¡nunca!

La pregunta es: ¿cómo ser feliz o estar contento?, o al menos, ¿cómo sentirnos neutrales, sin pena ni gloria? El sentirnos bien nos ayudará a evaluar nuestra situación correctamente y así poder tomar decisiones con serenidad e inteligencia emocional. Ocasionalmente, la angustia viene de ver el dolor de una persona próxima a nosotros y a la que amamos. En este caso, ese sufrimiento puede causarnos un dolor incluso más fuerte que el suyo, dejándonos sin saber qué hacer. Después de muchos años de tratar y probar "soluciones" prácticas, tales como consultas médicas, consumo de medicamentos, tratamientos psicológicos, terapias alternativas, rabinos, consejeros espirituales…, llegué a la conclusión que la respuesta a la mayoría de las cuestiones reside en el manejo de nuestro sistema espiritual, la entidad espiritual que gobierna al individuo y su entorno social. Lo llamo "sistema" espiritual pues funciona como tal, y en este libro se explicará en detalle el funcionamiento de un modelo del sistema espiritual.

Mensaje del libro

El propósito de este libro es establecer un método para comprender y conseguir la fuerza espiritual del individuo y su interacción con el prójimo.

Asimismo, queremos exponer aquí un método de pensamiento, de análisis y de comportamiento para disfrutar la diaria jornada, el camino de la vida. Una vez que el individuo inicia el camino de la iluminación espiritual, podrá unirse a otras personas con el mismo propósito, y así, juntos, trascender en beneficio de la sociedad en general. La jornada espiritual contribuirá en la evolución hacia un mundo mejor e «iluminado», en armonía con la naturaleza, para nosotros, nuestros hijos y las generaciones futuras.

Este libro es el resultado de mis estudios, búsquedas y observaciones. Espero y deseo que su contenido llegue a muchas personas que están comenzando su camino para reconocer su sistema espiritual y poner en práctica sus enseñanzas a nivel particular y a nivel de grupo dentro de nuestras familias, amigos y la sociedad en la que vivimos.

Es mi deseo que el camino hacia la espiritualidad y el progreso en la comprensión del sistema espiritual aquí descrito estimule a los lectores a tomar conciencia tanto de nuestra vida espiritual como de la vida material. La adopción y práctica de algunos de los conceptos básicos aquí mencionados muy probablemente traerán también buena salud, riqueza, amor verdadero y tiempo para gozar de una vida hermosa. Confío en que este libro ayudará a acercarnos a un estado de conocimiento continuo y perdurable para la comprensión real de nuestro entorno espiritual.

Fundamentos del método propuesto

Este libro está fundamentado en mis anotaciones escritas en mis clases de Cabalá. La Cabalá se basa en el estudio del libro *Zohar* (Esplendor), escrito en arameo por Rabí Shimón Bar Yohai («Rashbi») en el siglo II d. C. Durante miles de años y hasta el siglo pasado, solo un reducido y selecto número de personas logró entender y difundir la Cabalá, dado su esotérico contenido y su muy complejo y abstracto texto.

Fue recién en el siglo XX cuando Rabí Yehuda Ashlag (1885-1954), llamado «Baal Hasulam» (en español, "el dueño de la escalera"), escribió su otra obra maestra: *El comentario sobre el Zohar*, que le llevó diez años completar, entre 1943 y 1953, e incluye una traducción del *Zohar* del arameo al hebreo, así como una extensa interpretación.

Esta interpretación está escrita de tal forma que abrió finalmente las puertas del *Zohar* a toda la humanidad. Gracias a sus comentarios y a otros libros suyos, el Rabí Yehuda Ashlag nos facilita entender el *Zohar* por partes, y por medio de un procedimiento escalonado podemos asimilar detalles hasta su final comprensión. Sus comentarios sobre el *Zohar* nos brindan una "escalera" por la que subir, tener acceso y acceder a los secretos de la *Biblia*. De ahí que le valió el nombre de «Baal Hasulam».

En este libro se citan y agrupan términos y conocimientos ya formulados y conocidos en las obras citadas en la bibliografía, y los uso con el propósito de introducir el tema de la espiritualidad en general y de la Cabalá en particular. Mi aporte consiste en la propuesta de un modelo o método espiritual para el éxito en el camino de la espiritualidad. El libro contiene también explicaciones originales según mi entendimiento, interpretación y experiencia del sistema espiritual, todo en un lenguaje común para la fácil comprensión del tema.

Se han escrito muchos libros sobre espiritualidad, pero ¿por qué este libro es diferente a otros libros del tema?

Primero: porque es el producto de mi búsqueda, mi punto de vista y experiencia. Deseo compartir con el público en general la forma en que se logra estar «feliz y satisfecho con lo que tengo en el momento». Esto no quiere decir que no deseo más, todo lo contrario: sí quiero mucho más, pero vivo feliz con mi parte.

Segundo: el método que presento ofrece un proceso estructurado y escalonado en el manejo y el reconocimiento del sistema espiritual, que cuando practiquemos su modelo nos encauzará y ayudará a lograr el éxito en cualquier objetivo que nos propongamos.

Tercero: se delineará una síntesis clara del camino a seguir en cualquier proyecto u obra espiritual. La mayoría de los libros en el tema no son claros y, a veces, están muy lejos de ser precisos.

Cuarto: este libro muestra que la resultante de una obra espiritual se puede medir y cuantificar. La influencia que un individuo o grupo genera sobre el prójimo puede ser calculada y dimensionada claramente. El método espiritual propuesto funciona y se puede implementar en cualquier momento, mientras se cumplan ciertas condiciones necesarias. El sistema espiritual descrito en el *Zohar* es una ciencia exacta.

Un punto importante que este libro presenta es una sugerencia clara para llegar al logro espiritual en un equipo de personas y en la sociedad en general, pues, como veremos, es la única manera de mejorar la existencia de la humanidad.

Enfoque y alcance

La solución aquí expuesta influirá en aquellos que están listos para comenzar o ya comenzaron el camino de la espiritualidad. El modelo propuesto es un sistema para la obtención y crecimiento espiritual en nosotros. Un modelo espiritual que define sus partes y sus actividades. Explicamos dónde se alimenta el sistema espiritual, cuáles son sus procesos internos y externos, qué resultados nos proporciona y su *modus operandi*.

Esta obra se enfoca en las personas que buscan respuestas y sienten un deseo de espiritualidad (que, usualmente, se denomina «punto en el corazón», término acuñado por el Dr. Michael Laitman en sus libros). Este libro ayudará en el campo espiritual a las personas innovadoras que sean capaces de alcanzar su transformación interior y de estar abiertas a incorporar y adaptar nuevos tipos de pensamiento, análisis y funcionamiento.

Hemos aplicado un enfoque científico y matemático que permite definir ciertas relaciones entre los diferentes componentes del sistema espiritual.

El enfoque de fondo del libro es presentar el sistema espiritual. Aunque sea una ciencia –por eso empleamos algunos términos técnicos–, procuramos que sea de fácil lectura y entendimiento, y que el modelo aquí desarrollado nos lleve a entender nuestro sistema espiritual. Habrá lectores que, quizás, podrán sentirse intimidados por alguna terminología matemática y de sistemas computacionales. A esos lectores les recomiendo dejarse fluir con el texto y concentrarse en el contenido del modelo espiritual.

Lo más probable es que para quienes sientan curiosidad y comienzan a ser perceptivos de la espiritualidad, este libro

será una ayuda para comprender el funcionamiento del
sistema.

Además, les dará una herramienta para comprender cómo y
dónde se alimenta el alma, la parte espiritual del individuo. El
concepto de alma está definido y explicado con detalles más
adelante. A veces ocurre que leer una obra de tema espiritual,
incluso sin internalizar sus conceptos, es suficiente para que
el alma del lector los asimile en forma intuitiva.

Usted encontrará amistoso este libro. En algunas partes se
desarrolla en forma de entrenamiento, como enseñanza; en
otras, de manera más informal. Debemos intentar leerlo con
un sentido personal, pues cada individuo tiene su propio
código espiritual que lo rige, siente y reconoce. Algunos
párrafos recomendamos leerlos con intervalos de tiempo
para así poder interiorizarlos mejor; otros explicarán
conceptos comunes en la Cabalá con palabras sencillas para
su fácil comprensión.

La espiritualidad es la razón y el núcleo de todas las
religiones, pero este libro no trata ni habla de ninguna
religión o tradición en particular.

En varias ocasiones citamos fragmentos de la *Biblia* y de
otros libros sagrados del judaísmo, pero con el único

propósito de profundizar, ampliar y fortalecer el significado del modelo espiritual en cuestión. En el libro se discuten algunos temas sobre prácticas específicas, como la de la oración.

Al abrevar en las fuentes del *Zohar*, se centra en el judaísmo. Lo que esta obra pretende es explicar el sistema espiritual común a todas las personas que, aunque no profesen la fe judía, podrán sentirse atraídas e inspiradas a adaptar el método descrito acá y aplicarlo a sus vidas adaptándolas a sus propias creencias. Además, propone un método estructurado –e independiente de cualquier religión– en el manejo y el reconocimiento del sistema espiritual en nosotros, abierto a todas las personas interesadas.

Confío en que pueda servirles de alguna manera a aquellos que buscan respuestas relacionadas con sus vidas, sus relaciones interpersonales, amor, salud mental u otros aspectos. Las personas de naturaleza positiva encontrarán su contenido valioso para la reflexión, incluso si no están dispuestas a aplicar las reglas y sugerencias que aquí se proponen. Considero que si un solo lector encuentra una explicación o una rendija que lo ilumine y le ayude a solucionar alguno de sus problemas, habrá valido la pena escribirlo.

Al lector, seguramente, le despertará preguntas, dudas y objeciones. Espero que sean respondidas a medida que avance en la lectura y se disipen o se vuelvan irrelevantes mientras se internalizan algunos de los conceptos. Queremos agregar que las palabras y frases aquí empleadas para expresar un concepto, idea o noción, tienen como finalidad avanzar en el debate del tema.

Capítulo 1. Espiritualidad

Espiritualidad es un término muy usado en nuestros días. Al intentar definir la espiritualidad, encontré muchísimas definiciones. Por lo general, las religiones han considerado la espiritualidad como un aspecto integral de sus prácticas y experiencias místicas. La espiritualidad es la esencia de todas las religiones, pero existe independientemente de ellas y de tradiciones y cultos.

El término "espiritualidad" sale a lucir cada vez que nos preguntamos ¿de dónde viene el universo, cuál es la razón de la vida, por qué estamos aquí, qué sucede cuando morimos, por qué ocurren los desastres, qué es el mal de ojo, tiene orden el caos, por qué tuve un accidente de tráfico, qué significado tiene o qué me está enseñando lo que me ocurrió, por qué tal persona padece esa incapacidad física?, etcétera.

Definimos espiritualidad como la expresión de la parte «divina» dentro de nosotros que actúa como influencia hacia otra persona o personas en condiciones recíprocas de mutua soberanía.

Cuando decimos «divina», no quiere decir ni tiene que ver con algo místico o religioso. Con «divina» nos referimos a que la persona brilla por su buena energía, se siente bien y satisfecha, y que con sus actividades o actitudes genera confianza e influencia benéfica en quienes la rodean.

La religión y su práctica pueden ayudar a la persona a desarrollar y avanzar en su espiritualidad, pero la espiritualidad, o mejor dicho, el sistema espiritual de la persona, existe en ella aunque no tenga vínculo alguno con lo religioso en absoluto.

Desafío espiritual

El desarrollo del mundo es el resultado de la expansión del ego humano. Por naturaleza, cada individuo posee su ego, al cual intenta controlar y dictarle su comportamiento. Debido a este desarrollo, nuestra sociedad cuenta con avanzadas ciencias y técnicas que dan respuestas y servicios que nunca antes tuvimos. Vivimos en un mundo completamente interconectado, donde la información fluye sin parar las veinticuatro horas del día y los siete de la semana en todos los rincones del globo.

Hemos adquirido muchas ventajas y lujos, pero, al mismo tiempo, padecemos desventajas insoportables que nos afectan cada día con menos espacio y privacidad. En esta red de redes intercomunicadas, los datos que fluyen nos "alimentan" con una misma dieta de opiniones, consensos y tendencias que a todos nos afectan. Esta diaria intercomunicación produce la retracción o contracción de la diversidad. Lenta, pero seguramente, estamos siendo recortados por la misma tijera.

Para disfrutar el camino de nuestra vida, vivir con optimismo, contentos con el diario trajín y lograr la satisfacción de lo obtenido en el presente, hay que entender el sistema espiritual que manejamos y llevamos dentro de nosotros.

Ego

El ego es el deseo de sentir placer o satisfacción con sentido de identidad personal. A veces, la dosis de ego que nos proporciona autoestima y confianza en uno mismo es positiva.

La autorrealización o autosatisfacción se llama egoísmo. La conducta de hacer algo con el fin de que otra persona obtenga una satisfacción directa se denomina altruismo.

A pesar de miles de años de desarrollo y crecimiento del ego en las personas y de la sociedad en general, toda la civilización occidental cosecha resultados desastrosos: contaminación total del medioambiente, calentamiento del clima planetario, destrucción y abuso de los recursos naturales, especulación con los alimentos, ansiedad creciente, búsqueda incesante de «algo», guerras impuestas por fundamentalistas, gobiernos totalitarios, teocracias, carteles multinacionales que controlan la mayoría de los recursos básicos, manipulación de la verdad en los medios de comunicación ávidos de rating... y otras calamidades sociales y naturales.

El mundo está siendo dominado por el miedo y subyugado por el negativismo que, a su vez, es consecuencia de nuestra mente egoísta. Hay síntomas de disfunción colectiva. La civilización marcha hacia la autodestrucción, y una muy peligrosa alienación está fácilmente penetrando en gran cantidad de personas en todo el globo. El sentimiento de invasión a nuestra privacidad es doloroso. Nos sentimos robados, violentados, impotentes. La independencia y el libre pensamiento son cada día más escasos. Estamos condenados a ser parte de la locura colectiva mientras nos dejamos dominar por nuestra mente egoísta.

El egoísmo es parte innata del hombre. Somos de carne y hueso, y, por lo tanto, de forma instintiva, queremos recibir todo lo necesario para nuestra vida. Desde su creación, y dada su naturaleza, el ser humano se ha entregado a la obtención y al consumo tanto de bienes necesarios como innecesarios.

Para la vida material se necesitan pocas cosas esenciales: vivienda, alimento, seguridad, techo, sexo y salud. Nuestra misión debería ser abastecernos de esto en todo el globo. Pero la realidad es diferente. Ahora, a principios del siglo XXI y bajo el sistema socioeconómico y político en el que vivimos, la meta de la gente es conseguir dinero, poder y honores, poseer títulos y procurar conocimientos.

Siempre tendremos ganas de recibir, no hay forma de evitarlo ni de deshacernos de ellas, es innato. El ego siempre existirá y nunca podremos deshacernos de él. Debemos aprender a manejar nuestro ego y volverlo receptivo al crecimiento y desarrollo de la esencia del Creador dentro de nosotros y así convertirnos en personas con influencia, a pesar de nuestra naturaleza consumidora. Dedicamos todo el próximo capítulo al tema y concepto del Creador.

Debemos aprender a usar la fuerza y el peso de nuestro ego para transformarlo y canalizarlo en el servicio de ser influyentes e, incluso, altruistas.

En la *Biblia* está escrito que el hombre fue creado a imagen y semejanza del Creador. La tradición judía, y según su calendario, dice que hace 5777 años (2017 del calendario gregoriano) el *Homo sapiens* reconoció su alma divina. Desde la creación del mundo consciente de su alma divina, hace

5777 años, la humanidad se ha alejado constantemente de ejercer su parte espiritual divina y ha creado una brecha espiritual entre la humanidad y la esencia del Creador. Mientras tanto, nosotros comenzamos a entender la gran pérdida o detrimento espiritual que, como humanidad, padecemos hoy en día.

Con el crecimiento indiscriminado de nuestro ego durante miles de años, el mundo civilizado acumuló bienes y riquezas. Pero la frase del rey Salomón sobre los bienes terrenales de la vida: «Vanidad de vanidades, todo es vanidad. ¿De qué sirve todo lo que está bajo el sol?», nos lleva a concluir que lo único que hay por encima del sol es la espiritualidad.

Hace miles de años, el mundo acabó su evolución espiritual en los niveles inanimado, vegetativo y animado. En los pasados 5777 años hemos desarrollado el nivel «humano» de espiritualidad en el mundo, comenzando con Adán, el primer hombre con conciencia divina, y pasando por diferentes etapas hasta la situación espiritual actual.

Según el libro del *Zohar*, del cual la Cabalá es producto, a la humanidad le tomará llegar al estado de energía espiritual perpetua revelada en nosotros unos 6000 años, que es el tiempo necesario para la corrección humana, es decir, que dentro de un máximo de 223 años (antes del año 2240 del calendario gregoriano) alcanzaremos y perfeccionaremos nuestra identidad espiritual. Digo como máximo pues no depende del tiempo cronológico podría ser hoy mismo, con la ayuda del Creador, sino de la actividad espiritual de la humanidad. Llegar a los 6000 años traerá un estado de alta conciencia en la población mundial. Esto no quiere decir que será el fin del mundo. Hay más mundo. No nos preocupemos. Para llegar a un estado de alta conciencia en la población mundial hay dos posibles caminos:

1) El habitual y regular de la evolución espiritual que llevamos hoy en día como civilización hasta completar los 6000 años, es decir, paso a paso, "a su ritmo", sin aceleraciones.

2) Elegir el camino de la Luz, el camino espiritual, mediante el estudio del método cabalístico, que nos enseña e instruye cómo adelantar y acelerar el proceso para alcanzar nuestro objetivo antes de los 6000 años.

En el primer caso, solo estamos siguiendo la supervivencia reactiva y acomodándonos al desarrollo natural de las cosas. De este modo habitual, "lento", encontraremos sufrimientos, plagas, golpes... Estos azotes nos sirven para balancearnos y corregirnos en forma "natural".

En la civilización, impulsada por la mente de naturaleza egoísta, hay un vacío –o una diferencia– entre la posición requerida por su parte espiritual y la posición real actual. Esta brecha incluye la acumulación de actitudes y comportamientos practicados durante siglos que la humanidad pasó por alto, ignoró o no logró todavía corregir en su alma. A este atraso o diferencia entre la posición actual de nuestra alma y la posición donde deberíamos estar (el Creador), este libro lo llama "retraso espiritual". En el próximo capítulo hablaremos del tema.

Nuestras mentes, en el siglo XXI, son el reflejo de la acumulación de negativismo psicológico y de un retraso espiritual de miles de años. Al ego común de la humanidad se lo denomina «ego integral», en el que estamos encerrados y que, a su vez, nos separa a cada uno de nosotros. Cuando el ego integral crece en forma desbalanceada es cuando la Ley del equilibrio (explicada más adelante) se activa, provocando toda clase de desastres.

La sabiduría de Platón y Aristóteles era para el beneficio y ego de ellos mismos, para que todos supieran cuánto sabían y conocían. Hoy sucede lo mismo, pero por dinero. Por ejemplo, a pesar de la inmensa cantidad de medicamentos que la industria farmacéutica ofrece en el mercado, la gran mayoría no son efectivos o no curan lo anunciado, y a veces hasta empeoran nuestra salud. El dinero es el que dicta a los científicos qué investigar, a los profesores universitarios qué asignaturas impartir a sus alumnos y a la industria qué productos con venta asegurada debe desarrollar, en detrimento de los que sí curan y más se necesitan.

No quiero extenderme en este punto, pero casi todas las ciencias sociales y las naturales son impuestas por el ego colectivo.

En nuestra época, la ansiedad y la codicia producen una sociedad altamente infeliz y violenta que la convierte en enemiga de sí misma y de sus propios recursos naturales.

Por lo general, la gente vive su vida como un drama particular, tan manipulada por su ego que este acaba por convertirse en su propia identidad.

Somos el resultado de nuestra desconexión. El encubrimiento de nuestro presente, dominado por el ego, oculta nuestro verdadero yo, nuestra parte espiritual; nos impide estar alertas y conscientes del momento presente, del ahora. Y al no evolucionar hacia una conciencia sin ego, nos empuja hacia la autodestrucción, dirigida por la mente envidiosa que, a nivel universal, ya ha alcanzado proporciones peligrosas. En los reinos mineral, vegetal y animal existe un equilibrio. Este equilibrio se debe a que en ellos se consume solo lo necesario para existir. Pero la naturaleza humana es diferente. Una persona está dispuesta a consumir de todo solo para sentir placer, aunque no sea necesario para su existencia. Este modo de actuar perturba el equilibrio de la naturaleza, pues sus niveles se estructuran como una pirámide. Entonces, cuando el hombre provoca un desequilibrio, comienza a recibir golpes surgidos de la misma naturaleza. Los primeros síntomas provienen del nivel inanimado, como, por ejemplo, fenómenos climáticos, terremotos, tsunamis, etc. Los problemas ecológicos son manifestaciones de los cuatro elementos básicos: fuego, aire, agua y tierra. El quinto elemento es el hombre.

¿Qué buscamos?

Nuestra tarea es cerrar la brecha entre nuestra naturaleza de carácter egoísta (recibir, consumir y guardar para nosotros) y la de carácter influyente (dar, otorgar, contribuir, donar), y surja así la de sentir, actuar en congruencia, en armonía y en adhesión al Creador. La meta es llegar al equilibrio entre el dar y el recibir.

Es nuestro deseo más profundo e interés primario el adquirir un estado de influencia. Con influencia sobre lo que nos rodea podremos cambiar el camino de colisión en que se encuentra la humanidad, utilizando nuestros recursos con inteligencia para lograr una justicia social real y una verdadera paz entre las personas.

Cuando la humanidad haya alcanzado su corrección espiritual básica, podremos disfrutar de todos los placeres de este mundo –sin miedo a experimentar pérdidas– y también de los placeres sensoriales y mundanos; pero estos no son nuestra meta, salvo que sean parte de un propósito espiritual.

Lo que buscamos y queremos es estar conectados, que todo salga a pedir de boca, que todo funcione como un buen reloj suizo, estemos satisfechos con lo que tenemos, aunque a veces nos haga falta dinero, y que lo que hagamos sea para bien de nosotros, pero también para bien de los demás. Ayudar y compartir con los demás la sabiduría y la compresión de nuestra espiritualidad es como plantar semillas de divinidad en las mentes y corazones de las personas.

Es ahora el tiempo para el logro espiritual.

El diario luchar

Nuestra lucha diaria es encontrar el camino para vivir felices y contentos cada día y cada momento de nuestra vida con todo lo que tenemos ahora, y también con lo que no tenemos.

Esto no significa que una situación que causa dolor, sufrimiento o cualquier otro problema deba ser aceptada como es y no hacer nada por remediarla.

En primer lugar, debemos tratar de entender qué causas la materializó en nosotros. Nuestro problema es que no entendemos el porqué de las cosas.

¿Por qué tropecé y me raspé la rodilla? ¿Por qué la rodilla de mi pierna izquierda?

Imagínese si pudiéramos entender las razones celestiales de por qué nos suceden las cosas. La sola comprensión de lo que nos sucedió sería lo mejor para nosotros. El tener un problema y entender su razón es como cerrar una brecha, o pagar una deuda. Con esta comprensión ya estamos en la vía directa a la mejora, tanto del problema físico o material como el de nuestra posición espiritual.

Aceptar la situación con plena conciencia, tenerla bajo el control de nuestra razón y enfocada en el presente nos llevará de inmediato a aceptarla con positivismo, y así, al menos, conseguiremos cierta serenidad.

Esto no excluye que actuar en consecuencia nos genere una nueva situación.

Padecemos un atraso espiritual y, por lo tanto, se nos oculta su vivencia real. Tenemos que encontrar nuestro verdadero yo, el que tendríamos que ser, es decir, conectarnos con la esencia del Creador, el alma divina dentro de nosotros, que explicaremos en el próximo capítulo.

Nuestra diaria lucha debe realizarse en paz y tranquilidad, sea trabajando, con nuestras familias y amigos, estudiando o enseñando, hallándonos en cualquier situación, predecible o imprevisible, por elección u obligación, enfermos o en medio de una batalla. No hay cosas negativas. Todo lo que nos pasa es por una razón, y esta razón es siempre positiva y para nuestro bien. Lo entendamos así o lo sintamos de forma negativa y con dolor, todo es positivo.

Es oportuno agregar que el optimismo moderado es una buena cualidad, y muy útil en nuestra vida.

Lo importante es responder a la pregunta de si nos hemos esforzado lo suficiente y si hemos luchado por llegar a la espiritualidad. ¿La hemos deseado? El que vive la espiritualidad sabe que la vida no termina con la muerte. La muerte es el fin de la ilusión presente, de nuestro cuerpo. El alma nunca muere.

Explicaremos más adelante, y con todo detalle, el proceso de cómo lograr la tranquilidad y el estar contentos con lo que tenemos y lo que nos llega.

La realidad espiritual

El ser humano es la más alta creación del mundo, y se diferencia de los animales por su posibilidad de hablar y discernir entre sí. El propósito de la creación del hombre fue revelar su «imagen divina». Pero esta «imagen divina», a la que comúnmente llamamos alma, únicamente tiene sentido cuando se interactúa con la gente.

La realidad espiritual solo se revela por medio de una conexión entre dos o más seres humanos en condiciones recíprocas. Un solo individuo no puede obtener espiritualidad para sí mismo sin relación con otro. En cambio, sí es posible entre dos o más personas vivir la realidad espiritual de lo que es el amor, la caridad, la esperanza, la pasión, el coraje, la integridad, la caridad, la gratitud, la justicia, la amistad, la compasión, la paciencia, la tolerancia, el perdón, la alegría, la responsabilidad, la armonía, etc., es decir, actos de bondad para con el prójimo.

La práctica de la verdad espiritual pronto nos llevará a concluir que servirle a la gente y conectarnos con las personas para ayudarlas es la felicidad real, es sentirnos íntegros y satisfechos. ¿Por qué no prestar un servicio a los demás? El mundo nos ha apoyado, alimentado y enseñado de todo, lo hayamos merecido o no. Podremos comenzar con una simple ayuda a alguien en estado de necesidad, o enseñándoles a otros a hacer algo nuevo, o compartiendo una palabra amable y honesta con un transeúnte, etcétera. Cualquier relación interpersonal entre dos o más individuos tiene el potencial de desarrollar una relación de espiritualidad, de mutuo beneficio, tanto para el que da como para el que recibe, y esto puede traer tranquilidad y bienestar en cualquier situación –favorable o perjudicial– en que nos encontremos.

ADN espiritual

El portador de la información genética de los seres humanos es el ADN, sigla abreviada de ácido desoxirribonucleico. El

ADN es responsable de la transmisión hereditaria de esta información.

Asimismo, decimos que cada ser humano tiene un ADN espiritual.

El ADN espiritual es el portador de la información espiritual genética de cada individuo. El ADN espiritual es también responsable de su transmisión y trascendencia.

El sistema espiritual en cada uno de nosotros es activado por nuestro ADN espiritual. Nuestro ADN espiritual es el que guía la existencia de una persona.

Esto significa que la meta espiritual está ya dentro de nosotros, "grabada" dentro de nuestra propia entidad espiritual.

Si el ADN espiritual es reconocido y comprendido, nos orientará hacia una vida de tranquilidad, plenitud, riqueza, prosperidad, alegría y paz mental.

Lo primero que debemos hacer es reconocer como perfecta la dimensión espiritual dentro de nosotros, la cual tiene el potencial y el poder de convertirnos en seres influyentes, como la imagen divina que recibimos. Todo esto, a pesar de que somos de carne y hueso, y de que tenemos limitaciones.

Nuestro ADN espiritual trae inscritos los códigos de las cualidades del Creador.

Gestión del proyecto espiritual

Como mencionamos anteriormente, solo se puede desarrollar una gestión espiritual entre dos o más personas. La mínima expresión de un proyecto espiritual incluye a dos personas: una que da, otorga o influye, y otra que recibe. Cuando me uno a otra persona o a varias, realizamos juntos una obra espiritual, y la dimensión de los proyectos espirituales y el beneficio espiritual de estas se incrementa exponencialmente.

Un grupo o conjunto, equipo, asociación, congregación, etc. de personas es el medio social donde podremos desarrollarnos. El equipo es básico para nuestro crecimiento espiritual.

Con solo poseer esa inquietud de búsqueda por un mundo espiritual es suficiente para compartir en una comunidad de personas afines. Un proyecto espiritual en conjunto nos da un punto de unión o un puente de conexión entre todos y cada uno de los participantes del proyecto. La unión en ese punto no impide que no haya más puntos de conexión espiritual en proyectos diferentes. No es una unión que condiciona a otras uniones.

Crear un grupo o grupos con alguna gestión espiritual, no importa cuál sea, es construir un equipo de éxito en cualquier proyecto que se acuerde desarrollar. Además de los buenos resultados que se obtengan, la parte espiritual de cada individuo crecerá y se fortalecerá.

La relación espiritual entre varios grupos es básica para la conformación de redes sociales con metas espirituales, y así conseguir influencia en la sociedad en general. Qué positivo sería tener influencia directa e inmediata en la sociedad. Imaginen el sentimiento de paz interna y de gloria que sería vivir en completa armonía con el medioambiente y con nuestros semejantes.

Pero no nos olvidemos de que el ser humano es producto del medioambiente social en que se encuentra y donde comparte vicisitudes con sus semejantes. Vivimos "encarcelados" por la sociedad en la que vivimos. Cualquiera que sea esta sociedad o grupo, bueno o malo, estamos bajo su constante influencia. Huir de esta cárcel es extremadamente difícil, y tal vez se logre en parte, aunque con demasiado esfuerzo. Su influencia y provisión nos rodea tanto física como social, cultural, intelectual y emocionalmente. La invasión cultural de la que somos víctimas siete días a la semana las 24 horas del día (con excepción de los judíos practicantes que cuidan el *shabat* –día de descanso–, y, por lo tanto, solo están expuestos seis días) asedia nuestro diario vivir por medios como TV, Internet, radio, periódicos, teléfonos móviles, etcétera.

Queda claro que si recibimos influencia de un grupo de personas regidas únicamente por su naturaleza de recibir, sea un pequeño equipo o la sociedad entera, continuaremos viviendo en el exilio, una terrible realidad.

De todo esto podemos deducir lo importante y fundamental que es contar con un equipo espiritual en la sociedad que nos rodea. Cuanto mejor esta sea, mayor será nuestro beneficio, pues seremos el resultado de algo más elevado. Una comunidad con proyectos espirituales no nos hará sentir en una "cárcel", sino parte de una obra en la que nos adaptamos a su diario vivir con satisfacciones y tranquilidad.

Más adelante hablaremos en detalle sobre la conformación, condiciones y otros aspectos relacionados con el equipo espiritual.

Para comenzar a lograr un avance espiritual tenemos que crear un medioambiente propicio que nos fomente y provea de todos los elementos básicos e indispensables que nos permitan manifestar la realidad espiritual. Este ambiente propicio es un buen equipo espiritual de personas afines en mutua armonía.

Capítulo 2. El Creador

Aunque el propósito de este libro no es ahondar en conocimientos cabalísticos referidos al funcionamiento del sistema espiritual, sí es necesario definir y precisar ciertos términos básicos de la composición del alma según la Cabalá, pues posteriormente nos ayudarán en el análisis y entendimiento del sistema espiritual expuesto en los próximos capítulos.

Como mencionamos en el prólogo, en las definiciones usaremos palabras apropiadas en nuestro idioma, pero también es importante traer a colación los términos originales en hebreo, para así facilitarle al lector la familiarización, investigación y profundización del tema en otras fuentes. Esas palabras utilizadas en las definiciones son simplemente marquillas de conceptos básicos y, por lo tanto, no debemos dejarnos llevar por su nombre en nuestro idioma, sino por el concepto detrás de este.

Como ya dijimos, las propiedades del hombre en su naturaleza son: recibir, desear, disfrutar, necesitar y consumir, que son diametralmente opuestas a las del Creador: dar, influenciar, otorgar.

Las propiedades del Creador, su esencia, están latentes dentro de nosotros. La meta ha de ser encontrar nuestra

43

parte divina y comenzar a asemejarnos a la esencia de cómo es el Creador, sobreponiéndonos así a nuestra naturaleza consumidora.

Está escrito que «no hay otro fuera de Él (Creador). Él es uno, único e inmutable». Esto significa que no hay otra fuerza en el mundo con la capacidad de hacer algo contra Él. En la *Biblia* está escrito: «Y Dios creó al hombre a su imagen y semejanza...». (Génesis 1:27).

Siendo así, es válido preguntar si siendo el Creador uno y único y que no existe nada fuera de Él, ¿por qué, espiritualmente, cada persona es distinta de otra? La respuesta es que la espiritualidad solo tiene sentido cuando estamos en interacción con otra persona o grupo de personas. Cada una de ellas posee ciertas características espirituales que son relevantes más en una que en otra. Al conectarme con alguien, su propio ADN espiritual me influye y, a su vez, mi propio ADN espiritual lo influye. Así se produce un "intercambio" de las características predominantes de cada uno, lo cual genera una relación entre los ADN espirituales de las partes predominantes de cada individuo como ganancia mutua. Ejemplo uno: si alguien dona dinero a una familia necesitada, tanto el que lo da como quien lo recibe están satisfechos y agradecidos uno al otro por haber participado, uno por recibir –y así satisfacer necesidades– y el otro por ayudar. Ejemplo dos: el autor de un libro quiere influenciar; quienes lo leen se influencian e influenciarán, a su vez, al autor. Así es como opera una relación espiritual. Cada persona tiene su propia expresión del Creador. En cada uno de nosotros brilla de forma diferente.

Esto nos lleva a afirmar que el estado perfecto de paz verdadera y tranquilidad entre las personas se puede describir como un pluralismo de características espirituales basadas en condiciones recíprocas de mutua influencia que exalta y supera las diferencias.

El proceso de la Creación: lo material y lo intangible

Nosotros no estamos en posibilidad de saber ni conocer detalles del Creador. Solo podemos ver sus obras, sus actos y sus acciones o eventos.

El Creador formó dos ámbitos: el espiritual y el material. En la *Biblia* se dice que el Creador creó el cielo (la parte espiritual, intangible) y la tierra (la parte material).

Todas las cosas materiales que nos rodean –lo que vemos, oímos, sentimos, tocamos, olemos– tienen una representación equivalente en el mundo espiritual.

Más aun, cada cosa comenzó siendo espiritual, y después, física. Todo lo que nos ocurre en este mundo, cualquier decreto o mandato que se hace efectivo en nuestra vida tiene, antes, una expresión espiritual que lo antecede.

Cuando decimos que en el mundo físico hay un mundo espiritual paralelo a este, no podemos decir cuán cercana se encuentra la forma física percibida de la forma abstracta espiritual, ni cómo la parte espiritual afecta a la parte física.

No podemos entender la razón o el motivo por el cual el Creador concibió la Creación. Pero sí podemos entender que el propósito de la Creación es darle al individuo la posibilidad de recibir placer, habilitarlo para que experimente el sentimiento de bienestar al colmar un deseo, es decir, al recibir la Luz espiritual (definida más adelante).

La Creación se puede clasificar en cuatro niveles de realidad: a) los elementos físicos básicos y materias primas; b) la forma real de los objetos creados sobre la base de materiales y elementos físicos; c) la forma abstracta de los objetos materiales, la parte espiritual de las cosas (que es el tema del

Zohar); y d) la esencia espiritual del Creador, que llevamos impresa en nuestro ADN espiritual, y que por el momento está oculto, no revelado.

El Creador hizo o creó tanto la parte espiritual llamada Luz espiritual (proveer) como la parte material llamada Kli (receptor de la Luz, explicado más adelante). Decimos que estas dos partes son indispensables en la Creación. Cuando la Luz influencia a la persona, llega de forma directa a todo su ser (cuerpo, intelecto y emociones), llamado Kli, cuerpo receptor. La Luz espiritual no es tangible ni se ve, pero sus propiedades son reflejadas en el Kli.

Para entender mejor el proceso de la Creación, añadiremos algunos datos que, sin entrar en detalles, son importantes.

Hay un primer paso que preside a la Creación, que llamamos "infinito". El infinito es donde la Luz y el Kli se encuentran juntos y amalgamados, y donde a pesar de ser radicalmente opuestos, se encuentran integrados, sin distinción entre ellos. La Luz y el Kli no pueden existir la una sin el otro.

La Luz fue creada en términos de «algo que fue creado de algo que ya existía» y el Kli fue creado en términos de «algo que fue creado, de la nada» (*ex nihilo*).

Partiendo del infinito, el Creador realiza o «concibe» la Creación por medio de la separación de estos dos opuestos, la Luz y el Kli.

Una vez separados en la Creación, el papel de la Luz espiritual será la de «expandirse», iluminar o «vestir» el Kli. Sin Kli no hay manera de recibir la Luz.

Ahora, en este estado, el proceso de la Creación se manifiesta con la Luz que comienza a llegarle al Kli, pero no a todo el Kli, sino solo a ciertas partes de este, pues existen ciertos "impedimentos", juicios o leyes (en hebreo, *dinim*) que no le permiten al Kli, por el momento, gozar y recibir toda la Luz.

Pero al Kli le es imposible existir sólo sobre la base de juicios, leyes y edictos. Con solo los *dinim* el Kli se rompe y no puede mantener o sostener la Luz que le llega. No podríamos vivir en un mundo donde hay nada más que juicios y leyes.

En la Creación, y para que el Kli pueda recibir la Luz en todas sus partes, el Kli porta y origina dentro de él elementos de merced, misericordia (en hebreo, *rajamim*) y de compasión para, de esta manera, poder neutralizar o «endulzar» los juicios que ya inciden en el Kli. Al endulzar los juicios, la Luz puede llegar a todas las partes del Kli sin quebrarlo.

Una vez que se suman la merced y la compasión a los juicios existentes, es cuando comienza nuestro papel en la Creación, el trabajo de corrección y perfeccionamiento de nuestra alma.

Este es el actual estado del Kli de cada persona en este mundo. El hombre sólo puede vivir gracias a la integración de la misericordia a un estado de juicio. Sin misericordia no hay vida.

Parte del propósito de este libro es poder entender la forma de interacción entre la Luz y el Kli.

A continuación definimos estos términos.

Luz espiritual

La Luz espiritual es una fuerza o energía intangible que le llega a la persona y que le genera un nuevo estado de conciencia, un incremento en el nivel de influencia en la gente.

Estas nuevas características le incorporan a la persona una "inyección" de sabiduría, conocimientos, inteligencia, madurez, introspección y más claridad en todos los aspectos que abarca este estado de iluminación en el diario vivir.

La Luz espiritual está siempre presente en todo momento y es la única fuerza en el universo dentro de la cual existimos. Cuando la Luz espiritual brilla dentro del Kli se llama «alma», y según su calidad de intensidad espiritual, la Luz se subdivide en cinco partes o niveles del alma que se explicarán más adelante, en otro capítulo.

El Creador es absoluto, no hay forma de cambiarlo ni de influenciarlo; lo único que puede cambiar es la persona misma.

La Luz espiritual nos influye en todo momento. La Luz espiritual es infinita y con una potencia sin límites. La persona no está constituida para recibir en forma directa la Luz espiritual. Por esta razón se puede decir que parte de la Luz es interceptada, obstruida; como quien dice, "pasa por un sistema de filtros", niveles y mundos que se encuentran entre la Luz y nosotros, destinados a permitir que la Luz pase y se extienda en forma selectiva, según nuestra posibilidad de responder o corresponderle al Creador con la misma intensidad y mantener así un equilibrio.

Hay una diferencia básica entre la práctica tradicional de la religión y el estudio de la Cabalá. Por medio de la práctica religiosa se le pide al Creador que Él mismo cambie las circunstancias según nuestros deseos y mejore una realidad presente. Pero el estudio de la Cabalá nos enseña que nosotros mismos somos los únicos que podemos cambiar nuestra realidad. El individuo consciente de su naturaleza y de su condición de receptor, debe convertirse en una persona que da, que influencia, en un otorgador a los demás, como lo es el Creador. Dado que, por el momento, nos resulta difícil descubrir toda la espiritualidad dentro de nosotros, se dice que la divinidad está en "exilio".

Como mencionamos anteriormente, el propósito de la creación del hombre fue revelar su «imagen divina», la revelación del Creador, cuya esencia está presente dentro de nuestro ADN espiritual. Todo es manifestado por medio del Creador, pues no existe nada fuera de Él.

Fuerzas espirituales ocultas

Cuando la sabiduría, o iluminación de la Luz en nosotros, no tiene una representación material, es decir, que no tiene un "vestido" y no se puede medir, decimos que está oculta.

Al Creador se lo puede entender solo a través de nuestra semejanza con su esencia. La esencia del Creador se revela dentro de nosotros cada vez que logramos un avance espiritual. El Creador se descubre cada vez más en nosotros. La Luz por sí misma necesita de la materia para ver su expresión. Así como la electricidad se manifiesta a través de un cable o un condensador, la Luz lo hace en el Kli. Y solo se la puede medir cuando se presenta una fuerza opuesta o resistencia.

La Luz espiritual está compuesta o dividida en cinco partes o niveles, que explicaremos más adelante.

La Luz puede ser manifiesta y clara frente a la persona, como en la naturaleza, pero también puede estar oculta, es decir, que la Luz no está representada o "vestida" de ninguna forma material, por lo tanto, no se la puede medir.

La Luz oculta se manifiesta de dos maneras: el ocultamiento simple y el ocultamiento doble.

Ocultamiento simple

Es cuando somos conscientes de no poseer –por el momento– las herramientas suficientes ni las propiedades refinadas o corregidas para descubrir al Creador. No estamos en desconexión, sino opuestos al Creador. La solución es anular nuestro ego para permitir que brille el gen divino que llevamos.

Se dice que el ocultamiento simple es la "espalda" del Creador, pues estamos muy cerca de Él (aunque de espaldas), y es posible entender que algo nos ocurre o que algo no funciona, por ejemplo, cuando no estamos contentos o nada nos sale como esperamos. Pero no sufrimos, manejamos nuestro descontento al entender que eso es lo que por el momento me «decreta» el Creador, y no debemos interpretarlo como castigo sino dentro de un contexto, sin agrandarlo, pero sin olvidarlo. No hemos perdido la fe.

Ocultamiento doble

El ocultamiento doble es cuando ni siquiera nos damos cuenta de la presencia del Creador cerca de nosotros y no somos conscientes para nada de alguna conexión con Él; tan es así que ni siquiera nos sentimos en su lado opuesto. No somos capaces de percibir que tenemos algo del Creador en nosotros. Sentimos un abandono por su parte. Aceptamos nuestro sufrimiento (o nuestro gozo) como parte de nuestro destino; no existe fe. El ocultamiento doble también es llamado ocultamiento dentro de lo oculto.

Podemos mencionar, como ejemplo de ocultamiento doble, que a personas lejanas de nosotros, con éxito, con buena salud, que parecen seguras de sí mismas, no les interesa o no son conscientes para nada del sistema espiritual de sus vidas. Hay quienes han hecho mucho dinero por caminos torcidos y quienes piensan que nosotros, los que aspiramos a ser como el Creador, somos pobres, enfermos, estúpidos o primitivos.

Kli (recipiente, cuerpo receptor espiritual)

El Kli –palabra hebrea que significa recipiente, vaso, vasija o cuerpo receptor– es un deseo dentro de mí que está listo para su corrección, es decir, preparado para recibir la Luz espiritual.

El Kli de una persona es su recipiente espiritual o lugar de almacenamiento de la Luz espiritual.

Como ya hemos dicho, el infinito es el estado anterior a la Creación, en el que el Creador mantiene a la Luz y al Kli en un estado de unión perfecta a pesar de sus naturalezas opuestas. Al estar juntos y amalgamados, el Kli percibe que el poder de influencia infinita del que goza en el momento se debe únicamente al hecho de estar unido a la Luz, y no por él ni por sus méritos.

Entonces el Kli decide que no quiere poseer influencia de esa manera. El Kli no desea continuar recibiendo la Luz en forma gratuita, sin esfuerzo ni sudor, como cuando estaba en el infinito. El Kli comienza a desarrollar y experimentar vergüenza (en hebreo, *bushá*), que es el sentimiento de pérdida de la dignidad causado por recibir la Luz sin esfuerzo o sin trabajo, es decir, sin merecerlo.

Es entonces cuando la Luz y el Kli se separan; el Kli es el que abandona a la Luz. Al estar separados nos toca a nosotros, los individuos, llenar de nuevo el Kli con la Luz espiritual, pero esta vez en forma meritoria y sin vergüenza.

Entonces nuestra tarea es refinar nuestro Kli, es decir, corregirlo y pulirlo, pues es imperfecto, para así poder captar la máxima Luz espiritual posible.

El Kli está dividido según su "espesor" o "refinamiento", y en estos estados recibirá los cinco niveles o intensidades de brillo de la Luz espiritual correspondientes a los niveles de refinamiento del Kli.

Los niveles de intensidad de la Luz espiritual brillan y se ubican dentro del Kli en diez atributos diferentes según su espesor, llamados *sefirot,* que se explican más adelante. Podemos decir que la Luz "viste" al Kli con diferentes "vestidos".

Entre más grande es el Kli, más Luz espiritual puede entrar y, por lo tanto, se incrementa en la persona el poder de influencia, pues ahora su alma es más parecida al Creador y está más próxima a Él.

Cuando la Luz espiritual entra en el Kli, se experimenta un «ascenso» (en hebreo, *aliá*) o «subida», y significa que el Kli de la persona se agranda y hay más espacio para que entre la Luz espiritual.

También se puede hablar del Kli de un grupo de personas. Cuando un conjunto de personas se encuentra trabajando en cualquier tipo de proyecto espiritual, bien sea estudiando, rezando, meditando, haciendo negocios sin ánimo de lucro u obras de caridad, el Kli de cada persona se suma al resto de los *Kelim* (plural de Kli), formando el Kli del grupo. Al existir garantía mutua (explicado más adelante) entre los integrantes de una misma agrupación físicamente presentes o ausentes, existe el Kli de esta unión. El número de personas que pueden integrar el Kli de una asociación o equipo no tiene límites, puede sumar millones. Este grupo de personas incluso puede ser virtual (comunicados por teléfono celular, aplicaciones, Internet o cualquier otra red).

Podemos hablar también del Kli universal, que es el Kli de todas las personas en el globo terrestre. Pero, por el momento –y es lamentable–, espiritualmente nos mantenemos en el exilio. Estar en el exilio espiritual es una evidencia de no poseer la capacidad de llenar el Kli universal y colectivo.

Israel (Yashar-El: directo al Creador)

A la persona que busca alcanzar el logro de una vida más espiritual se la denomina «Israel».

En hebreo la palabra «Israel» está compuesta por dos partes: «Isra-El» o «Yashar- El», y quiere decir que marcha y se dirige «directo al Creador». Hoy entre la gran mayoría de la humanidad y el Creador existe una gran brecha.

En la gematría (ciencia en la que cada letra hebrea y cada palabra tienen un valor y significado numérico), las palabras «naturaleza» (en hebreo, *teva*) y «creador» (en hebreo, *boreh*) tienen el mismo valor numérico. Asimismo, *boreh* es una palabra hebrea compuesta por dos palabras: *bo* (que significa venir) y *reh* (mirar), es decir, «venir y mirar», llegué y, por lo tanto, encontré. La meta es alcanzar la equivalencia de forma con la esencia del Creador.

Al arribar la Luz espiritual a lo oculto, nos «ilumina». Lo que estaba oculto pasa a ser manifiesto, es decir, lo podemos ver, medir y cuantificar.

Como ya dijimos, se le llama «Israel» a la persona que está en línea recta apuntando «directo al Creador», expresada por su forma de vida, su interrelación espiritual con el prójimo.

Cada persona se encuentra en un punto o lugar espiritual dado. La meta espiritual es llegar al punto o lugar espiritual donde se encuentra el Creador, fuente de la Luz espiritual.

No existe tiempo

¿Cuánto tiempo necesita la humanidad para salir del exilio y alcanzar un estado de Luz perpetua y revelada?

En la Cabalá se explica que el término «tiempo» no existe en la espiritualidad. Acá tratamos de explicar este abstracto concepto.

A la «distancia» entre el punto en que nuestro desarrollo espiritual se encuentra en este momento y el punto o posición donde se encuentra el Creador se lo llama «tiempo». Podríamos visualizarlo en forma geométrica (ver gráfico a continuación).

Una vía recta vertical central (cilindro), el Creador. Cada individuo (marcado il1, il2 hasta il7) que está avanzando «directo al Creador» es llamado «Israel». Podemos reconocer como una «distancia» (marcada como d1, d2, hasta d7) desde donde estamos hoy espiritualmente hasta donde deberíamos estar, el Creador. Eventualmente, al final de nuestra corrección espiritual nos unimos a la línea central. Esto quiere decir que hemos llegado al mismo nivel espiritual de la esencia del Creador, fin de la corrección de nuestra alma, donde hay un equilibrio o equivalencia de forma, concepto que explicamos más adelante.

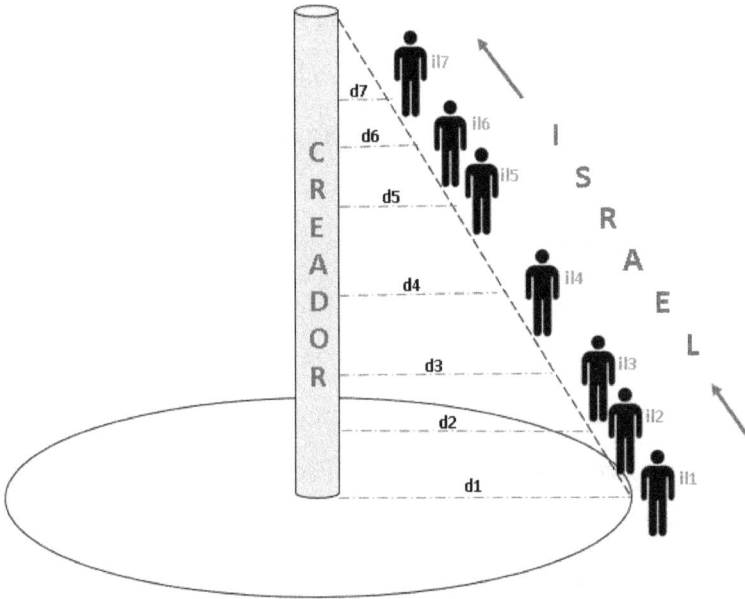

No existe el tiempo

Gráfico 1

Por lo tanto, se dice que el tiempo no existe, es una ilusión, pues, eventualmente, en cualquier momento podríamos obtener las características de influencia del Creador, y nos uniríamos a la línea vertical de inmediato. El no estar preparados todavía para influenciar de forma continua y abierta a todo y a todos los que nos rodean, nos crea la impresión de «tiempo». Es el «tiempo» que nos falta por hacer y para llegar a la plena influencia, tal como el Creador. Pero como ya dijimos que no hay tiempo ni espacio, podemos llegar a un equilibrio de fuerzas espirituales en cualquier momento.

El punto de convergencia es donde todas las dualidades se unen, convirtiéndose en una sola entidad diferente y todopoderosa. Por ejemplo, la felicidad y la infelicidad son de hecho una sola, pues se unen al final en un solo punto. Nosotros apenas vemos la ilusión del tiempo que los separa, es decir, el «tiempo» que demoramos entre pasar de estar insatisfechos a estar satisfechos, o la «distancia» que separa la infelicidad de la felicidad.

Shabat

El *shabat* (sábado en español) es el séptimo día de la Creación, el séptimo día de la semana en el judaísmo.

El *shabat* no es un requisito para el funcionamiento del modelo espiritual descrito en este libro. Pero para los lectores de tradición judía, cuidar el *shabat* es uno de los modos más eficientes de avanzar espiritualmente.

En general, hay muchas formas de avanzar espiritualmente. En este libro mencionaremos un modelo del sistema espiritual que es relevante para todas las personas, independientemente de su religión, credo, raza, color o género.

El tema del *shabat* da para varios libros y, por lo tanto, solo mencionaremos brevemente el significado espiritual y no religioso de este día de abundante energía espiritual.

La palabra hebrea *shabat* quiere decir "parar", "dejar de hacer", "entrar en paro". A veces se traduce como "descanso" por las condiciones de comportamiento que los practicantes judíos debemos cumplir para poder ser receptores de las energías espirituales que están presentes ese día.

El cuidar u observar el *shabat* traerá sus resultados espirituales positivos durante la semana, que comienza el domingo y termina seis días después, el sábado siguiente. Estos resultados espirituales se manifestarán en todos nuestros quehaceres cotidianos, es decir, en un avance espiritual de la persona evidenciado en todas las áreas.

En los primeros seis días de la Creación, el Creador creó las formas espirituales de la nada (*ex nihilo*) –que es el Kli–, y en el séptimo, el Creador continúa creando nuevas cosas espirituales de algo espiritual que ya existía –la Luz– y que viste al Kli.

Todos los días de la semana contienen la fuerza espiritual con la cual podemos conectarnos a la Luz. Pero el *shabat*, para el judaísmo, es El día y solo ese día, cuando la Luz espiritual se encuentra presente en forma mucho más abundante y es de mejor calidad y mayor refinamiento, comparada con el resto de los primeros seis días de la semana.

En ese día especial, la Luz está al alcance solo para aquella persona que está observando y cuidando el *shabat*, y esto quiere decir que la persona restringe la gran mayoría de sus tareas y rutinas cotidianas. Estas, en *shabat*, se evitan casi completamente con el propósito de llegar a las condiciones mínimas para ser receptores de la Luz espiritual.

En este día, además, se hace un paro voluntario de 24 horas en el empleo, la relación jefe-empleado entra en receso, y se anula su vigencia. Se suspende por un día polucionar el medioambiente y la explotación de las personas y de los animales, todo individuo entra en libertad y este, a su vez, debe también liberar a todos los que están supeditados a él. El propósito es crear las condiciones para un entorno físico de paz natural, de balance universal, que todo siga con su propio momento de inercia, sin cambios ni perturbaciones tanto a nivel mineral, vegetal, animal y humano, de modo que el *statu quo* de "tranquilidad física", sin colisionar con nada ni nadie, nos permita distinguir y capturar la abundancia espiritual que está presente en ese día en la Tierra.

Cuando converso con correligionarios que no siguen o todavía no cuidan el *shabat*, les explico que al no cumplir o infringir estas condiciones, se generan interferencias entre la persona y las cargas espirituales que alejan e interrumpen ese potente entorno espiritual. Ejemplo: si colocamos una lupa entre el sol y un papel, al concentrar el rayo de luz por unos instantes, el calor generado por la luz quemará un punto del papel, perforándolo; pero si no concentramos el rayo de luz, no podremos perforar el papel. Espiritualmente, el *shabat* es igual: si concentramos nuestras fuerzas y actividades físicas en su mínima expresión, podremos penetrar y lograr un estado de abundancia espiritual solo por el hecho de permanecer "restringidos" de trabajo físico y en paz con la naturaleza. En cambio, si no mantenemos ese *statu quo* de "tranquilidad física", no sacaremos provecho de la abundancia espiritual, desperdiciando esa oportunidad de avanzar en la espiritualidad.

En este día de la semana, la persona se desconecta de lo mundano y lo físico, y cuenta con una oportunidad para elevar su nivel de espiritualidad. Por esta razón se acostumbra usar el nombre de «Día del descanso».

El *shabat* es una de las fuentes de energía espiritual con la que comenzar la semana y vivirla con miras al próximo *shabat* para cargarnos de nuevo.

En resumen: libertad y orden para la persona y su alma.

Oración y meditación

Como preparación y acercamiento de la persona a la realidad espiritualidad, existen la meditación y la oración o plegaria. Estas prácticas son en esencia métodos para lograr un estado de conciencia y presencia real, con más claridad, paz y tranquilidad mental.

Cabe agregar que estas prácticas –tanto la meditación como la oración– se deben realizar con el propósito de mejorar las condiciones de ejercer influencia positiva en el prójimo. Pero si estas prácticas son solo para el beneficio de la paz interna del individuo y sin conexión alguna ni beneficio para el prójimo, no se las debe relacionar con la espiritualidad *per se*, pues representan solo una cara más del ego. Cuando la persona efectúa con éxito estas prácticas en unión con otra persona o colectividad de personas y con la meta de lograr una obra espiritual, es entonces cuando se puede revelar el poder de influencia entre ellos.

Con respecto a la plegaria, en lo personal soy un adepto a la oración, preferiblemente en congregación. Por ejemplo, al rezar juntos diez o más hombres, se está generando un Kli mucho más grande que la "suma" del Kli de cada persona presente. Cada una de ellas recibe la Luz espiritual dentro del Kli del grupo, mucho más grande que su propio Kli, con un provecho neto en su crecimiento espiritual.

Cuando rezamos, entonamos cánticos y pronunciamos palabras de alabanza al Creador y a su Creación, fortalecemos nuestro crecimiento espiritual y la imagen y semejanza de la divinidad dentro de nosotros. Orar juntos un mismo texto es acelerar el crecimiento espiritual de la comunidad.

Actos de bondad (*mitzvot*) y normas de conducta

La forma más directa de vivir una realidad espiritual es hacer actos de bondad (en hebreo, *mitzvot*) o comportarnos con rectitud, respeto, honor y decoro con el prójimo en todos los quehaceres de la vida diaria.

Una *mitzvá* (singular de *mitzvot*) es una corrección de nuestros deseos. Por ejemplo, si le damos pan a alguien que tiene hambre, operamos un restablecimiento espiritual, una corrección del alma que representa un ladrillo más en la construcción de la paz universal, un puente de conexión espiritual entre dos o más personas, independientemente de quién sea el donante y quién el receptor.

El único propósito de la espiritualidad es ser partícipes en todo momento y de manera integral en la Creación. Los actos de bondad para con el prójimo nos convierten en parte integral de la Creación misma. Podemos influenciar en las cosas tal como su esencia misma.

Si, por el contrario, no hacemos actos de bondad, la espiritualidad no tiene propósito alguno. No llegaremos a ser parte de la Creación, quedaremos relegados a vivir en este mundo como una mera consecuencia sin poder modificar o influenciar nada ni a nadie.

Revelación

Cuando la fuerza espiritual llega a nosotros experimentamos una "subida", y decimos que es una revelación.

La revelación es una manifestación de la fuerza o Luz espiritual que llega a la persona después de haber estado en el ocultamiento. Por medio de la revelación, la fe de la persona en el Creador y en sí misma se fortalece. Esta fuerza interna recibida por medio de la revelación de la Luz lleva a la persona a los textos, al estudio y al maestro o guía espiritual para su corrección y a una mejor comprensión del mundo en el que vive.

El Creador se revela a todos los seres creados de una manera acorde con los deseos de cada ser. La revelación se manifiesta cuando la persona siente la bondad del Creador, la paz, la satisfacción constante. Por ejemplo, cuando ganamos suficiente dinero sin demasiado esfuerzo, cuando no conocemos problemas ni padecemos dolencias, cuando somos respetados, queridos y exitosos. Si alguien desea algo, lo pide y enseguida lo recibe; la Luz dentro de él brilla: es el rey. Con cada nueva acción, más exitosos somos y más revelaciones positivas espirituales conseguimos.

Y al contrario, cuanto más egoístas seamos y menos buenas acciones hagamos, nuestro éxito espiritual se verá seriamente perjudicado. En otras palabras, al disminuir las expresiones espirituales positivas, más expresiones espirituales negativas se harán presentes en nosotros.

Capítulo 3. Términos y definiciones

A continuación presentamos términos y definiciones de conceptos básicos para entender el modelo espiritual descrito en este libro.

Reshimó: el ADN espiritual

Como quedó dicho en el capítulo anterior, la Luz y el Kli están juntos en el infinito, y para concebir la Creación, la Luz y el Kli se separan para que así, al final de nuestra corrección, la Luz vuelva a llenar completamente el Kli, pero esta vez de forma meritoria, abolido el sentimiento de la vergüenza.

Al quedar el Kli separado y vacío de Luz, lo único que queda en su interior es un «impreso genético espiritual» de la Luz. Este impreso de Luz espiritual se grabó en el Kli cuando Luz y el Kli estaban unidos en el infinito. A este impreso espiritual se lo denomina *reshimó*, y lo podemos llamar el ADN del sistema espiritual del individuo.

El ADN espiritual –o *reshimó*– contiene una herencia de «genes» espirituales de la Creación adicionado al recorrido espiritual del alma hasta el día de hoy. Esos genes espirituales definen nuestros deseos, necesidades y toda la topografía espiritual de nuestro Kli, incluyendo la parte divina del Creador.

En nuestro vasto ADN espiritual están registradas todas las características de nuestra personalidad espiritual, las adquiridas y las heredadas.

El deseo

El sistema espiritual del hombre está creado y compuesto únicamente por deseos. El Creador implantó el deseo dentro de nosotros. El deseo es la misma materia con la cual fuimos creados. El ser de carne y hueso define nuestra naturaleza de recibir, de desear, de necesitar. Es imposible revelar la verdad y la realidad, pues todo ocurre dentro de nuestro deseo. Asimismo, todas las imágenes que vemos, los movimientos, el espacio, el tiempo y los volúmenes son todos discernimientos del deseo.

La meta es poder controlar nuestros deseos. Al no tener control de las fuerzas de nuestros propios deseos, experimentamos la real sensación del mundo externo, el cual es manipulado por el ego.

La expectativa del deseo determina la percepción y la conciencia. Lo que el corazón quiere y desea, la mente se lo muestra. A veces sucede que tenemos apetito, y mientras conducimos por la ciudad nuestros sentidos son tentados por los sitios donde satisfacerlo.

Pero si pudiéramos controlar nuestros deseos restringiéndolos, aceptando el presente y el ahora tal como son, es decir, la rendición al momento presente en forma incondicional, se nos hará clara la sensación de que el mundo es interno, que todo está dentro de nosotros y que podemos cambiar ese deseo, pues neutralizamos el ego, y claramente distinguiremos que es por nuestro bien, el del prójimo y el de la colectividad a la cual pertenecemos.

Un deseo se nos presenta en función del tiempo, otro deseo nos da una sensación de cambio y otro deseo, la de volumen. Colores, sonidos, olores, sabores, medidas y contactos físicos son deseos diferentes que, en conjunto, representan el mundo para nosotros, el mundo material que nos rodea.

Al corregir un deseo, se avanza hacia un estado más cercano al Creador. Cuando podamos corregir todos nuestros deseos para que todos se unan dentro de nosotros en una sola «pantalla o marco», entonces descubriremos que todo el universo entero está en nuestro interior y que no hay nada que tiene lugar o que existe fuera de lo que somos. Como dijimos antes, vivimos dentro de nuestros deseos, ya que es lo único implantado por el Creador dentro de nosotros.

Todo está centrado en nuestros deseos, que son, a su vez, el reflejo de nuestro ego. El día que entendamos nuestros reales deseos en relación con el prójimo, comenzaremos a revelar nuestra parte espiritual en cada una de las personas. A las personas nos toca rendirnos y controlar nuestro ego, pero sin interpretar esto como una señal de debilidad, sino como una mera conveniencia personal.

Más adelante, en la parte de los elementos del modelo espiritual, entraremos en el detalle de los campos o esferas de nuestros deseos, es decir, cómo percibimos el mundo en que vivimos.

La tarea de las personas es discernir sobre qué partes de sus deseos pueden corregirse con la clara intención de influenciar y dar a la gente. También debemos discernir sobre qué parte de nosotros todavía no ha sido corregida, limitándonos a restringirnos en ese deseo. Lo que se puede corregir definirá la cantidad de Luz espiritual o el tamaño del Kli de las personas.

El Rebe Najman de Breslov, sabio y maestro de finales del siglo XVIII y comienzos del XIX, escribió en su libro *Enseñanzas recolectadas* (en hebreo, *Likutey Moharán*) que muchas veces la gente tiene deseos insatisfechos pues no poseen el Kli adecuado para recibir la abundancia. Dice este autor que una persona con tan solo articular sus deseos, hace que estos se acerquen a su realidad, es decir, el deseo de la persona la ayuda en la construcción y ampliación de su propio Kli.

La Ley de equivalencia de forma o Ley del equilibrio espiritual

La Ley de equivalencia de forma –o Ley del equilibrio espiritual– dice que quienes comparten propiedades espirituales similares se atraen entre sí según la medida de igualdad o equivalencia. Cuando su similitud llega a ser completamente equivalente, se unen en perfecta armonía.

Ya hemos dicho que el Creador es la fuerza absoluta e inmutable. La vida espiritual de la persona entre más similar y equivalente se encuentre con respecto a las características del Creador, más poder de influencia obtendrá. Y al contrario, mientras menos similar sea, menos influencia recibirá. La Ley de equivalencia de forma es la base de todo el proceso espiritual: cuanto más nos igualamos a la Luz espiritual, más influyentes somos.

La Ley de equivalencia de forma trabaja desde el Creador hacia nosotros y de nosotros hacia el Creador, por eso también es llamada Ley del equilibro espiritual. En la misma proporción de cantidad de Luz que recibimos del Creador, de igual manera podemos corresponderle e «influenciar» como Él con la misma fuerza, pero influyendo al prójimo, con el fin de mantener un equilibrio.

Adicionalmente, el individuo puede sentir la necesidad de "corresponderle" al Creador por medio de generarle felicidad (en hebreo, *nájat rúaj*), placer y orgullo, igual que un hijo alegra al padre cuando este lo ve avanzar y triunfar.

Pero cabe aclarar que el Creador no necesita nada de nadie, tampoco de nosotros; el Creador solo da y no recibe.

Nosotros no le podemos "corresponder" como tal; lo que podemos y debemos hacer es trabajar en mejorar nuestro valor en la relación con los demás y perfeccionar nuestros proyectos espirituales, es decir, lograr más equivalencia de forma.

Ya mencionamos anteriormente que no podemos liberarnos de nuestra naturaleza, de nuestro deseo de recibir, de disfrutar, y a cada momento nos inclinamos a cuestionarnos y a revisar si estamos satisfechos, si deseamos otras cosas, si podemos disfrutar más o mejorar nuestra posición. Pero según la Ley de equivalencia, tenemos que alcanzar un estado equivalente al del Creador, aunque opuesto a nuestra condición de consumidores. Decimos que es opuesto pues constantemente nos toca revisar y preguntarnos cómo beneficiar a nuestro prójimo cada vez más y de qué forma prescindir de algo nuestro en beneficio de otra persona. Entonces, ¿cómo se puede hacer este cambio radical?

Dentro del ADN espiritual de la persona existe un «gen» –o chispa espiritual– que llamamos «punto en el corazón» y que tiene las propiedades mínimas básicas del Creador: las de dar y otorgar al prójimo.

«Punto en el corazón» (deseo de espiritualidad)

Es la parte o «gen» espiritual que posee las propiedades mínimas del Creador. Es el punto de partida del elemento espiritual de la persona para comenzar a alcanzar la Luz espiritual. A las personas que ya tienen despierto su «punto en el corazón» se las llama «Israel», como vimos antes.

Este «gen» está despierto en aquellas personas con una inclinación espiritual activa o en las ya iniciadas en el camino de la comprensión y práctica de su sistema espiritual. Por el momento, la mayoría de la gente tiene este «gen» inactivo.

Una vez despierto en la persona, la vida nunca podrá ser la misma. El «punto en el corazón» la guiará hacia la madurez espiritual y será el comienzo de un despertar que estimulará cambios internos. La persona comienza su percepción con la conciencia del ahora, de su ingreso a un mundo de tranquilidad, satisfacción, amor y felicidad con lo que tiene y hace.

El «punto en el corazón» permite alejar el deseo de recibir placer solo por medio del ego. Al acomodar su ego, la persona deberá analizarlo y controlarlo desde "afuera", viendo exactamente lo que el Creador ha establecido. A la habilidad de ver lo establecido por el Creador se la llama «fe», la cual está por encima de la razón. Estudiar el «punto en el corazón» es ilustrarse en cómo opera la Creación.

Para la gran mayoría de la población mundial, la mejora socioeconómica de sus vidas es el principal objetivo o necesidad. Tan solo una mínima parte reconoce su «punto en el corazón», es decir, que ya se les ha despertado el embrión de su parte espiritual. El propósito de la vida es la revelación de un mundo superior.

Pero el tener el «punto en el corazón» activo aún no es suficiente para atraer las propiedades del Creador hacia nuestro interior. Hay que atraer la fuerza o Luz espiritual hacia nosotros. Pero ¿cómo hacerlo? Depende del grado de nuestra equivalencia de forma al Creador. ¿Y cómo nos volvemos similares a Él? Formando una pareja o uniéndonos a un equipo de personas que ya tienen su «punto en el corazón» activo como el nuestro.

Este es el tema de próximos capítulos en los que explicaremos métodos y formas de lograrlo.

Percepción de la realidad

La percepción del mundo está cien por ciento basada en nuestros cinco sentidos, y, como es sabido, son limitados. Más allá de lo que perciben sus sentidos, la persona no puede saber qué hay más allá de ellos.

La forma en que concebimos al Creador depende únicamente de nuestras propias capacidades de captación de la realidad. Hay que comenzar por entender que lo que percibimos no es lo que ocurre fuera de nosotros, sino la suma de todas nuestras reacciones internas acumuladas por nuestras experiencias y que han quedado grabadas dentro de nosotros. Reconocemos la materia y sus formas, pero no podemos percibir la verdad de la esencia de ellas ni tampoco la de sus formas abstractas.

No existe nada fuera de la mente humana. Cada persona es consciente de su existencia, incluso de estar leyendo ahora mismo esta página, por ejemplo.

Somos los únicos en nuestra conciencia, nunca nos olvidamos de nosotros mismos. Todos los sentimientos y vivencias están en nuestro interior. Lo que vemos por la ventana está surgiendo de nosotros. Por ejemplo, vemos un árbol que está fuera de nosotros, pero que no queden dudas: nuestro cuerpo, la ventana y el árbol están dentro de nuestra conciencia, en nuestro interior. Los únicos límites reales de lo que podemos ser, tener o hacer son autoimpuestos. Estos límites no existen fuera de nosotros. El motivo por el que no podemos atravesar una pared es porque estamos controlados por las mismas reglas que hemos creado por intermedio y ayuda de nuestros sentidos.

Los sentidos son una reflexión de nuestro estado de conciencia. Es imposible percibir la parte espiritual porque nuestros sentidos son los que determinan la formación del ego. No sabemos cómo "afinar" nuestros sentidos para recibir la Luz o la realidad espiritual, pues no sabemos qué percibir, no entendemos de qué se está hablando. Incluso a nivel corporal, físico, hay investigadores y científicos que afirman que la persona no puede percibir ningún estímulo externo si este no ha sido definido anteriormente dentro del individuo. ¿Qué sucedería si tuviésemos la capacidad de percibir claramente las formas abstractas y la esencia de las cosas? O mejor dicho, ¿y si el Creador tuviera una imagen clara?

Si poseyéramos dentro de nosotros la Luz revelada sin haber realizado esfuerzo alguno por conseguirla, se nos generaría el sentimiento de pérdida de dignidad, porque si viéramos la esencia espiritual iluminada e investida dentro de cada cosa y en cada detalle que vemos y hacemos, no nos interesaría estudiar, progresar y llegar a ser como el Creador. Poseemos el ADN espiritual de la esencia del Creador y sus características están dentro de nosotros aunque no nos han sido reveladas por nuestros sentidos. Hay que descubrirlas a través del estudio del sistema espiritual, pues solo por medio de nuestros sentidos no llegaremos a ninguna parte.

Para llegar a tener revelada la «imagen divina» de la esencia del Creador en todo lo que somos, primero hay que aprender las formas opuestas al Creador; recién entonces comenzaremos a construir cualidades similares a Él. Una vez conocidas las formas opuestas, quedará en claro la forma de activar el ADN de las características divinas latentes dentro de nosotros.

De la misma forma en que nuestros sentidos vislumbran el alrededor físico, nuestro Kli tiene la capacidad de comprender la realidad espiritual que le corresponde a cada uno de nosotros. El Kli no puede saber sobre la realidad espiritual del exterior; solo conoce la realidad dentro de él. Al

Kli se lo puede llamar nuestro sexto sentido, pues contiene la intención de adquirir las características del Creador. Usualmente, se denomina estar en «este mundo o mundo actual» a la percepción de la realidad dentro del Kli en su forma estática presente. Y a estar en un «próximo mundo» o «mundo superior» (también llamado «nuevo mundo») a la percepción de la realidad dentro del Kli cuando empieza a "acumular" energía espiritual, a tener influencia y a seguir trabajando para adquirir cada vez más hasta completar toda la esencia del Creador.

El proceso de adaptación, ajuste y crecimiento de nuestro Kli es un trabajo de toda la vida, hasta la corrección final.

El alma

Generalmente, se denomina «alma» a la parte espiritual de la persona, a la energía, fuerza o deseo dirigido hacia la espiritualidad.

Al alma del individuo se la denomina «materia espiritual», y los deseos reales del individuo son las formas que "visten" la materia espiritual, que es el "mundo actual" del individuo.

La persona puede llegar al estado y nivel de la esencia del Creador por medio del entendimiento de cómo está compuesto su ADN espiritual, es decir, sus deseos. Una vez expuestos y conscientes, la persona podrá transformarlos, refinarlos y corregirlos hasta llegar al nivel de influencia y amor.

En el próximo capítulo detallaremos los niveles del alma.

Vivir nuestro presente

¿Qué es el presente?

Según el diccionario de la Real Academia Española, el presente es lo que está delante o en presencia de alguien, en el instante en que sucede, en la época actual, en el ahora.

Sin embargo, algunas personas definen el presente como el instante, o la fina línea de unión entre el pasado y el futuro, es decir, como algo no existente.

Para no profundizar en una discusión de forma pero sí de fondo, aquí reconocemos el presente como algo más amplio que una simple línea de unión entre pasado y futuro, relacionado con el ahora, nuestro momento o época actual.

Hay que vivir considerando el presente como lo único que tenemos ahora; el pasado no se puede revivir pues ya murió y el futuro no ha llegado todavía. Ni el pasado ni el futuro existen. Solo son recuerdos o promesas.

Una pregunta muy importante en el manejo de la espiritualidad es ¿qué tienen que ver el pasado y el futuro con nuestro presente?

La respuesta es que, simplemente, tanto las vivencias del pasado como las del futuro son productos de nuestro ego, pues, como dijimos anteriormente, los deseos se pueden presentar en función del tiempo.

El tema de vivir el presente y de la inmunidad a nuestro pasado y futuro está muy bien tratado y expuesto detalladamente en el libro *El poder del ahora*, escrito por Eckhart Tolle. Citaré algunas de sus ideas, que también podrán servirnos de soporte para entender nuestro modelo espiritual aquí expuesto.

Inmunidad al pasado y al futuro

Tenemos que vivir nuestro presente y ser inmunes a la fantasía proveniente del pasado o del futuro.

Por lo general, la gente vive el presente con pensamientos, sentimientos, emociones o huellas del pasado. Y podemos preguntarnos ¿qué tienen que ver estas vivencias con el ego de la persona?

La respuesta es simple: el ego de una persona reluce en su presente al comparar una vivencia o sentimiento del pasado con la posibilidad de influenciarnos de tal forma que no nos proporciona una oportunidad real y objetiva para evaluar el presente. El ego se alimenta de la comparación entre vivencias y experiencias del pasado.

Si "neutralizamos" nuestro ego de manera que nos permita despertar y/o adquirir las características del Creador en nosotros, podremos vivir nuestro presente en forma consciente, con tranquilidad y felicidad con lo que el momento nos depara.

Por ejemplo, si alguien en el pasado realizó una actividad y como producto de esta actividad experimentó tristeza, frustración o miedo, la persona compara esta vivencia con lo que podría sucederle si hiciera la misma actividad en el presente. Obviamente, entre el miedo y el no-miedo, escoge el no-miedo. Escoger el no-miedo es, simplemente, enfocarse en el pasado para evitarlo, sin atender el presente con sus datos actuales para elegir libre e independientemente del miedo que sintió la primera vez. La actividad que se va a hacer en el presente está condicionada por el miedo a repetir la insufrible experiencia pasada.

Lo opuesto es igual. Si se experimentó felicidad o seguridad, la persona compara la vivencia con lo que puede volver a ocurrirle, sin tener en cuenta que las condiciones del ahora quizás sean diferentes.

Queremos dejar en claro que el pasado como tal no es algo negativo. Todo lo contrario, el pasado nos proporciona importantes datos de la historia, información básica para la comprensión del presente y planificación del futuro, pero estos datos deben ser observados y analizados sin pasión. Como se sabe, quienes no tienen en cuenta el pasado están condenados a repetirlo. El pasado aporta información extra con la que procesar los datos del presente y así resolver situaciones de la mejor manera posible.

Vivir pensando en el futuro o en el pasado es no estar aquí, en el presente; es no ser conscientes de la única realidad con la que contamos; es no poder vivir felices y satisfechos con lo que se tiene.

Hay que vivir como los artistas: creando dentro de nuestra alma, sin pensamientos, sin tiempo ni mente, pero con paz y serenidad.

Por desgracia, mucha gente pasa años aguardando un futuro mejor o arraigada en un pasado inerte.

Inteligencia emocional

Según Wikipedia, la inteligencia emocional nos permite tomar conciencia de nuestras emociones y comprender los sentimientos de manera justa.

Para vivir el presente y ser inmune al pasado y al futuro hay que poseer suficiente inteligencia emocional. Si tomamos decisiones con la "cabeza fría", analizando claramente los pros y contras de la situación, obtendremos un mejor resultado. El estar conscientes de nuestro momento y sin pensamientos anclados en el pasado o en el futuro, ayuda a analizar las diferentes posibilidades para así aplicar las soluciones correctas.

Culpas, arrepentimientos, resentimientos, quejas, tristeza, amargura, pena, ternura, lástima... son sentimientos causados por pensar en los motivos que los generaron en el pasado. A veces estamos disgustados con alguien que nos hizo una mala jugada; en estos casos, el perdón en el presente es mucho más importante que el perdón del pasado, pues es interiorizarlo en la plenitud de la conciencia del momento. Esta madurez o inteligencia emocional nos ayuda a comenzar a desarrollar las características necesarias para establecer un sistema espiritual con pocas interferencias.

Las emociones son reacciones de nuestra mente. Es necesario aprender a observar nuestras emociones y pensamientos para evitar que nos controlen. La emoción es un patrón de pensamiento cargado de energía y con poder para tomar el control sobre nosotros, desplazando nuestra conciencia del presente y haciéndonos perder la serena observación del ahora. La emoción abre las puertas a pensamientos invasores del presente cargados de hechos pasados ya extintos o de futuros ilusorios.

A veces, incluso la vida pierde todo sentido. Todos pasamos por épocas en las que la depresión intoxica el significado de la existencia; nuestra mente colapsa y reina el sinsentido. A esto podemos llamarlo locura o inconsciencia.

Con el paso del tiempo, mucha gente se vuelve negativa debido a la acumulación de experiencias sicológicas. Si llegase una nueva oportunidad al presente, no gozaría de una situación plena, pues, lamentablemente, opondría cierta resistencia, tal vez injustificada.

Lo mismo sucede con el futuro. Una persona preocupada o alterada por el resultado de una decisión que le darán a conocer en unos días, está dejando que su ego tome el control de su mente, quitándole espacio para vivir su presente, el cual debe permanecer libre de un futuro que aún no ha llegado, pues la respuesta la conocerá en unos días, no antes. Esto no impide que en el presente planee tomar decisiones o ejecute acciones en prevención de posibles escenarios por venir. Más aun, es aconsejable y necesario planificar una acción futura sobre la base de un hecho presente.

También los sentimientos de temor, inquietud, ansiedad, tensión, estrés o preocupación son causados por pensar en el futuro negando el presente, que es lo único que de verdad existe. Por ejemplo, si nos invitan a pensar que el futuro será mejor, frases como "mi jefe me prometió que el año entrante me aumentará el sueldo" deben ser analizadas con la serenidad del ahora, pues son hechos que no han sucedido todavía.

El alabarse o sentirse bien pensando en una actividad por venir, es negar rotundamente el presente y refugiarse en un futuro incierto. La inteligencia emocional es un requisito insoslayable para evaluar una promesa. Puede que el futuro sí llegue a cristalizarse, pero ningún argumento en este sentido puede ser verdad ahora. Quizás suceda, quizás no. Hoy no hay forma de saberlo.

Capítulo 4. El sistema espiritual

¿Cómo descubrir un sistema que no puede medir ni relacionar ninguno de los sentidos?

¿Cómo puedo empezar ahora a compartir mi energía, mi talento y mi ser con los demás? ¿Cómo puedo ayudar?

En todos nosotros hay una desconexión entre nuestro potencial divino –la esencia del Creador– y nuestra situación actual. Es como un velo que cubre la verdadera fuente de Luz, que no está manifiesto y que verdaderamente existe en nuestro mundo actual. La Luz que no está todavía manifestada es la misma fuente de donde emana la parte consciente de las personas. Decimos que lo que está oculto y no manifestado son nuestros sentidos ausentes.

Las personas en las que está plantada la semilla de la espiritualidad –«punto en el corazón»– poseen una constante necesidad de búsqueda. Es necesario encontrar un sistema que permita acceder a una verdad espiritual a todo nivel y en todo momento para vivir en un estado de dominio que genere felicidad, salud, tranquilidad, riqueza y poder (influencia).

Cada vicisitud que nos ocurre, cada cosa que vemos o que encontramos en nuestro camino nos dice algo. Por ejemplo, mientras caminamos de pronto somos testigos de un evento especial o pasa algo que llama nuestra atención, un choque entre dos automóviles, una conversación entre dos personas, un fenómeno natural, etc. De todo lo que nos sucede en nuestras vidas, algo nos pertenece en forma directa o indirecta, algo le está hablando a nuestro consciente, a nuestro ser, a nuestra persona; algo nos está enseñando y tiene el potencial de hacer evolucionar espiritualmente algún detalle de nosotros mismos.

Todo lo que les sucede a las personas, o que nace con ellas, o que adquieren durante sus vidas, son para su bien y tiene perfecta aceptación de su alma y su cuerpo. El alma de las personas es eterna, pues les pertenece y es parte del alma universal que viene del Creador, así como todas las almas del mundo. Se dice que el alma general de toda la humanidad es el alma de Adán, quien fue el primer hombre con la imagen divina de la esencia del Creador dentro de su ADN espiritual, llamada «alma universal».

Cada alma mantiene una interrelación directa y especial con el alma del Creador. Cuando nace una persona están «grabadas» en su gen espiritual las características necesarias o mapa espiritual que la ayudará a escoger el camino espiritual que deberá recorrer para lograr la corrección y el refinamiento de su alma en este mundo. Esa alma sabe cuáles son las partes de su ADN espiritual que tendrá que cambiar y ajustar para alcanzar su máximo esplendor.

Con base en las necesidades espirituales inscritas en nuestro ADN espiritual, podemos explicar en lenguaje común que el alma tiene una "discusión" frente al Creador para "escoger" y finiquitar todos los detalles tanto físicos como sociales de nuestras vidas. Son detalles que ayudarán a hacer nuestra corrección en la vida, como por ejemplo: la fecha y época de nuestro nacimiento, el lugar, de qué padres, quién será nuestra pareja, quiénes nuestros hermanos, el día de nuestra muerte, etcétera.

Por ejemplo, si alguien nació con alguna anomalía física, como ceguera o parálisis, su alma está «de acuerdo y en completa aceptación» de que esto es lo acertado para la refinación de su alma. Hay razones espirituales para todos y cada uno de los decretos que nos marcan –tanto las que consideramos «positivas» como las «negativas»–, todo lo que nos llega en nuestra jornada.

Todo lo que nos ocurre, «positivo» o «negativo», es para bien de nuestra alma. Estemos involucrados directamente en el suceso, seamos espectadores del mismo, por propia elección o por una fuerza mayor que nos lo impuso, todo es para bien y por nuestro bien.

A veces es muy difícil entender que algo que se ve y se siente "negativo", algo que nos ocurre y nos deprime o nos pone de mal genio –un fuerte golpe, un dolor insoportable, una muerte, una enfermedad, una pérdida económica, etc. – es positivo y que sus consecuencias serán para nuestro bien, para la corrección de nuestra alma y sus relaciones con el prójimo.

Como ejemplo, si intentamos explicar la muerte prematura de un joven, quizás nunca llegaremos a entender el porqué. Se podrán conjeturar varias ideas, pero mencionaremos solo dos cosas en términos generales: 1) el alma del joven vino a este mundo a completar algo que le faltaba para terminar su corrección y purificar así, finalmente, su alma; 2) el dolor que causa la muerte del joven a sus seres queridos les ayuda a estos a refinar y reflexionar acercándolos al Creador. Por medio del dolor se corrige algo que estaba pendiente, se salda una "deuda" espiritual o se cierra un ciclo de su alma.

A veces, el análisis inmediato o a corto plazo del suceso "negativo" es incomprensible, y es nuestro deber buscar la buena o positiva razón de por qué ha sucedido. La negatividad es simplemente nuestra resistencia a aceptar el presente como tal, al no entender que en cada evento que nos ocurre o del que somos testigos hay una "ganancia neta". Aunque no es tema de este libro, podemos mencionar muy brevemente que las razones de por qué nos sucedió algún evento o percance están conectadas con diferentes variantes espirituales, tales como vidas anteriores de la misma alma – reencarnación– que en su tiempo se manifestaron sin el resultado esperado, pero que hoy han de ser re-vividas, superadas y corregidas para el beneficio y corrección total de nuestra alma. La cuestión de la reencarnación del alma para la rectificación de males cometidos u oportunidades espirituales inutilizadas en vidas previas, también es tema para otro libro.

Al estar conectados con nuestro sistema espiritual, comenzamos a vislumbrar las fuerzas que mueven las cosas, las razones, los porqués, las metas y detalles de todo lo que somos conscientes o inconscientes, es decir, de todo lo que vibra y existe en nuestra vida.

Relación binaria espiritual

La base del modelo del sistema espiritual presentado en este libro está fundamentada en la relación espiritual entre dos personas o más, llamada «relación binaria». Cada relación espiritual binaria tiene un significado especial.

Cada interrelación personal se puede analizar como una relación binaria. Por ejemplo: padre-hijo, marido-mujer, etc. Cuando existen tres personas en una asociación espiritual (por ejemplo: **A**lberto, **B**ernardo y **C**ésar) pueden existir tres relaciones binarias simples: A-B, B-C, A-C. Estas tres relaciones también pueden participar en otras relaciones binarias, compuestas, por ejemplo, por A-BC, B-AC, C-AB.

Para los amantes de las matemáticas tenemos que al número de relaciones binarias posibles entre equis cantidad de personas se lo llama N factorial (y se escribe: N!). El número factorial se obtiene multiplicando cada número de 1 a N: 1 x 2 x 3 x 4 x 5 x 6 x7... x N = N! (ejemplo: 2! = 1 x 2; 3! = 1 x 2 x 3 = 6; 4! = 1 x 2 x 3 x 4 = 24, etc.)

Pareja espiritual

La pareja espiritual es un ejemplo de relación binaria entre dos personas: marido y mujer, dos amigos íntimos, etc. Aquí los llamaremos la parte masculina y la parte femenina.

Cada uno de nosotros, hombres y mujeres por igual, tenemos una parte espiritual masculina y una parte espiritual femenina dentro de nosotros. En el sistema espiritual la parte femenina es la parte «receptora» y la parte masculina es la parte que «da», la parte que influencia.

El marido debe ver en su mujer el reflejo de su parte femenina. La mujer es la expresión de su parte femenina, es decir, la parte receptora del hombre. La mujer, a su vez, ve al hombre como la parte masculina dentro de sí, la parte de dar y de influenciar. La mujer y el hombre son y están para servicio y complemento mutuo, en los términos que les dicta el ADN espiritual de cada uno.

En el matrimonio cada miembro se debe comprometer a darse al otro en forma total e incondicional, con honestidad y sinceridad. El lazo del matrimonio es esencialmente espiritual, gobernado por el espíritu conjunto del Kli de cada uno. La unión marital es juntar dos mitades en una sola alma: el Kli de la pareja.

Si la unión es meramente física o material, no funcionará; aunque continúe la relación, no se disfrutará.

El tema de las relaciones interpersonales entre parejas, tales como matrimonio, noviazgo, padre/madre-hijo(a), madre-bebé, hermanos, profesor-alumno, etc. es materia de debate para otra ocasión.

La mujer y su embarazo

Muy brevemente nos gustaría mencionar una relación espiritual importante como es la que existe entre la madre y su hijo por nacer.

La preñez se ve como un estado de purificación y acoplamiento del alma del bebé. Corresponde a las pruebas y tribulaciones que deberán enfrentar el alma de la madre y el alma del bebé antes de nacer.

Desde el momento de la fecundación existe una relación espiritual directa entre el feto y su alma. Cabe mencionar que el alma del padre también está directamente relacionada con el bebé dentro del vientre materno. El cuerpo del bebé se va formando bajo las directrices de su propio *reshimó* (gen espiritual) ya "localizado" con anterioridad en la criatura que habrá de nacer, hasta que su alma se pueda manifestar, de manera básica, al cabo de las primeras veinte semanas de embarazo, aproximadamente. Esto puede variar de mujer en mujer, pero hay casos en los que, dependiendo del nivel espiritual de la madre, se puede manifestar mucho antes, incluso en el momento de la fecundación.

Como hemos mencionado en capítulos anteriores, todo comienza primero en el ámbito o mundo espiritual, para después manifestarse en la parte física. Pero lo que nos interesa acá es lo que ocurre con esa relación espiritual una vez la mujer ya tiene el feto en su vientre, algunos meses antes de nacer.

Esta es una relación binaria espiritual fuerte y poderosa, aunque físicamente esté caracterizada por la condición de que no hay comunicación verbal, ni de olfato ni visual entre las partes.

Durante el embarazo existe un constante «diálogo» entre las almas de la madre y el hijo (a/s). Esta conexión espiritual repercute directamente en el cuerpo en desarrollo del bebé y, obviamente, también en el cuerpo de la mujer, incluyendo su comportamiento físico, emocional, intelectual y psicológico. La conexión espiritual entre madre e hijo es tan fuerte que, como es sabido, pueden existir cambios de salud tanto en la madre como en la del feto a raíz de los «acoplamientos» espirituales entre dos almas. Por ejemplo, en el cuerpo de la mujer, las náuseas y los vómitos podrían interpretarse como un rechazo manifestado por su cuerpo debido a una falta de armonía al no acoplarse por el momento el alma de la madre al alma de su hijo, o viceversa.

Mi experiencia personal me ha demostrado que tan solo al estar mi mujer consciente de esta realidad espiritual, en la que hay dos almas en conexión constante, fue importante y repercutió positivamente en su embarazo. Bajo terapias y conversaciones que sostuve con ella durante su embarazo, el resultado fue una gestación excelente, con una ansiedad normal, en la que no vomitó ni una sola vez, y el incremento de peso total al cabo de los nueve meses fue tan solo de seis kilos, muy aceptable para una mujer de 1,75 cm de estatura y 60 kilogramos de peso. El parto fue breve y sin complicaciones. Las charlas sobre la relación binaria espiritual entre el alma de mi esposa y el alma de nuestra hija por nacer, la ayudaron a sentirse siempre bien, segura, tranquila y sin ansiedades anormales. Como es sabido, a veces, por «impugnaciones» tanto físicas como espirituales, la preñez puede terminar en aborto.

Cabe mencionar, brevemente, que está escrito en el *Zohar* que la mujer clama y grita setenta veces hasta dar a luz; esto es considerado como una plegaria. Hay quienes recomiendan recitar el salmo número 100, con el fin de dar a luz fácilmente y sin mucho dolor.

Dinamismo de la espiritualidad

El sistema espiritual de la persona en particular y de la sociedad en general es dinámico y está en permanente desarrollo y movimiento. El Creador constantemente influencia sobre todos nosotros, día a día, minuto a minuto.

Por este simple, pero muy importante e inevitable hecho de la vida espiritual, nuestra tarea es la de autocorregirnos a cada momento, más y más.

Como mencionamos anteriormente, nuestro ego continúa creciendo día tras día, junto con el ego de la colectividad y el ego de la sociedad mundial. No nos queda más opción que la de corregir y perfeccionar nuestra alma en cada instante, en forma proactiva.

El dinamismo del sistema espiritual puede ser comparado con una persona que decide subir por una escalera automática que desciende. Si subimos a la misma velocidad de la escalera (que está bajando), la persona no avanza pero tampoco desciende. Si subimos más rápido que el descenso de la escalera, podremos avanzar en nuestra espiritualidad. Pero si, por el contrario, nuestro avance es lento o nulo, descenderemos y los golpes no se harán esperar.

Cumpleaños

Como adultos nos preguntamos ¿por qué felicitamos a la gente cuando cumple-años?

La pregunta no es trivial, es válida, porque en realidad y a simple vista, no hay una buena razón para felicitar a alguien por el hecho de agregar un año más de vida y uno menos por vivir. Tengamos en cuenta que la persona se vuelve más vieja y su salud tiende a empeorar con el paso de los años. Según esta realidad, es claro que no hay un buen motivo para felicitar a alguien que ha incrementado su edad.

Escuché hace más de 25 años del rabino Menajem Bernstein en Toronto, Canadá, la razón por la cual felicitamos a la gente cuando cumple años.

Cada año que pasa el alma del individuo completa un período, cierra un ciclo espiritual. Desde el día en que nacemos y hasta completar cada año, nuestra alma experimenta lo que llamamos un «ascenso» o «subida» (en hebreo, *aliá*), es decir, que su Kli se ensancha. Por este crecimiento, el Kli, en cada cumpleaños, podrá almacenar y sostener más Luz que la que podía captar el año pasado, pues habrá más "espacio" para que entre más Luz. Así nuestra alma sube de nivel espiritual y recibimos, desde ese día y en adelante, de forma automática, una mayor influencia, eficacia y fuerza espiritual en todo.

Al recibir una *aliá*, nos encontramos más cerca del Creador, y al estar más cerca de Él, nos escucha en voz más alta, con más fuerza y más claridad.

Por eso se acostumbra felicitar a la gente que cumple años. El Creador nos escuchará mejor este año que el año pasado y, por lo tanto, hay una probabilidad más alta de recibir respuesta a nuestros clamores este nuevo año. ¡Felicitaciones a los cumpleañeros!

Vida y muerte

Solemos percibir la vida en términos de nacimientos y muertes. Vivimos para poder terminar el mes con el dinero que tenemos, con la incertidumbre de lo que puede ocurrirnos si no hacemos o no podemos completar algo, es decir, el mundo y nuestras vidas están subyugadas por el miedo. Miedo a lo desconocido, miedo a la muerte.

¿Y qué es la muerte? La muerte es, simplemente, la etapa final del proceso de purificación del alma, o proceso de rectificación. Por lo tanto, la muerte es positiva para el alma de la persona, pues es la oportunidad de limpiar todas sus impurezas, así como es el momento en que todas las buenas acciones que hicimos en vida nos acompañarán e iluminarán el camino durante la etapa que viene, el próximo mundo.

El sistema espiritual es uno solo, por lo tanto, todos los conflictos son idénticos en su base: fricciones o peleas dentro de una familia son, en proporción, como guerras entre naciones. Cada persona es una entidad independiente, como una nación. Asimismo, cada nación es un ente espiritual y, como tal, tiene su dominio único y su «suerte» (el alma de la nación) que la rige, igual que a cada persona.

La dualidad entre la vida y la muerte nos enseña que la muerte puede llegar en cualquier momento.

No importa cuánto vivimos. La pregunta es cuán bien la hemos vivido, y si nos hemos esforzado lo suficiente y luchado por llegar a la espiritualidad. ¿La hemos deseado? Quien buscó la espiritualidad sabe que la vida no termina con la muerte.

Capítulo 5. Elementos del modelo espiritual

El modelo de sistema espiritual aquí propuesto está compuesto por diferentes partes que, en conjunto, nos muestran cómo la Luz espiritual interactúa con el Kli.

En el capítulo 3 mencionamos brevemente los conceptos de deseo y alma. Ahora abordaremos la clasificación y los detalles de estos componentes del modelo espiritual.

Los conceptos que definiremos a continuación son:

1. Campos o esferas de nuestros deseos –cómo percibimos el mundo espiritual en el que vivimos.
2. Niveles o subdivisiones del alma.
3. Atributos o vestimentas de la Luz espiritual (en hebreo, *sefirot*) que actúan sobre los deseos del Kli, corrigiéndolos o cambiándolos.

Ámbitos del deseo. El mundo que percibimos

La sensación de estar rodeados por un mundo grande, diverso y multifacético proviene del hecho de que nuestros deseos aún no están corregidos. Después de todo, vivimos dentro de ellos, pues son lo único que fue implantado en las personas por el Creador.

Como ya hemos explicado, todo está dentro de nosotros, y lo que vemos y sentimos que está "fuera" de nuestro espacio interno también nos pertenece.

Cada uno de nosotros tiene diferentes tipos de deseos y debemos entender qué podemos hacer con ellos. Dentro de nosotros pueden también despertarse algunos que aún no entendemos. La Luz espiritual que nos llega es quizás insuficiente para enfocar todos los deseos en todos sus detalles y, por lo tanto, debemos aceptar compromisos para poder modificarlos.

La pregunta es ¿cómo percibimos el mundo espiritual en el que vivimos?

Existen cinco esferas, ámbitos o campos de nuestros deseos (con su nombre hebreo entre paréntesis), a saber:

A. Raíz (*shoresh*)

B. Alma, aliento (*neshamá*)

C. Cuerpo (*guf*)

D. Vestimenta (*levush*)

E. Recinto externo, estancia o palacio (*heijal*)

Estas cinco esferas o campos del deseo se pueden subdividir en dos grupos.

Deseos internos

Son los que podemos sentir, o deseos «claros» dentro de nosotros. Deseos percibidos en nuestro mundo interior. Los deseos internos son:

- o Raíz
- o Alma
- o Cuerpo

La esfera llamada «raíz» es el germen o chispa que da comienzo a nuestros deseos. Es la parte que se desprendió del alma general universal, la parte del alma de Adán, el primer hombre con el ADN espiritual, la imagen y semejanza más pura y más cercana al Creador.

La esfera «alma» es la que contiene los deseos de nuestra conciencia y la percepción de nuestra parte espiritual.

Y la esfera llamada «cuerpo» es la que contiene los deseos o necesidades de nuestro cuerpo físico y sus funciones en el mundo que nos rodea: los objetos inanimados, vegetativos y animados.

Deseos externos

Son aquellos que no podemos sentir directamente, como si no fueran nuestros verdaderos deseos. Los percibimos fuera de nuestro ser, como si no nos pertenecieran. También los

deseos percibidos en nuestro mundo exterior nos
pertenecen. Los deseos externos son:

- ○ Vestimenta
- ○ Recinto externo, palacio, estancia

La esfera llamada «vestimenta» es aquella que, aunque se
encuentra fuera de nuestro cuerpo, está adherida a nuestro
ser en relación con el prójimo. Son los deseos de nuestra
imagen o pose social y personal, de lo que la persona es y lo
que la persona desea proyectar (real o ficticiamente) a su
alrededor. Por ejemplo: quiero mostrarme ante la gente y
ante mí mismo como una persona correcta, cumplidora de su
palabra, o como un ingeniero nuclear, un jefe con liderazgo,
un profesional seguro de sí mismo, alguien honorable, un
profesor o persona instruida, un excéntrico magnate, un
tonto, un ignorante, etcétera. Simplemente, nos vestimos de
los deseos que ambicionamos proyectar de nosotros mismos
al prójimo. En esta esfera tenemos la ilusión de ver frente a
nosotros a amigos, enemigos, espectáculos y eventos de los
que somos testigos.

La esfera llamada «estancia» –recinto externo o palacio– es
aquella que claramente percibimos fuera de nosotros.
Sentimos un débil resplandor circundante y por eso no le
prestamos demasiada importancia espiritual a ese fenómeno.

Creemos erradamente que, como los vemos muy lejanos físicamente, no tienen que ver con nosotros y están fuera de nuestro ser; pero no es así, todo está dentro de nosotros. Ejemplos de estos deseos podemos mencionar: las casas, edificios, montañas, las estrellas, el sol, la luna, sus movimientos –zodíaco– y su influencia que ejercen sobre nosotros y sobre la naturaleza que nos rodea. Todo tiene que ver con nosotros.

Esta división de los cinco campos de nuestros deseos solo existe en nuestra percepción, pues todos son nuestros deseos y tenemos que administrarlos para ayudar a corregirlos dentro de nosotros. El día en que reformemos todos nuestros deseos de tal forma que se agrupen dentro de nosotros en una sola acción altruista y antiegoísta, encontraremos que el universo entero está en nuestro interior. Ya no sentiremos la existencia de nada ni de nadie fuera de nosotros.

No nos daremos cuenta de que todos nuestros deseos, incluso los que están fuera de nosotros, son nuestros, aunque tengamos la ilusión de que son externos y ajenos.

Todos mis deseos soy yo.

¿Con quién nos casamos? Con nuestros deseos.

¿Qué nos causa risa? Nuestros deseos.

¿Con quién discutimos? Con nuestros deseos.

Niveles o estratos del alma

Como dijimos en el capítulo 3, la Luz espiritual brilla dentro del Kli. A esta Luz la llamamos alma y, según su calidad de intensidad espiritual, se subdivide en cinco partes, o niveles, que explicamos a continuación.

Estas cinco partes son cinco grados de Luz espiritual. Cada nivel se identifica con una parte espiritual del individuo. Si sumamos los detalles particulares de la Luz en cada uno de los niveles, y a pesar del hecho de que, a veces, puedan estar en contradicción entre sí, nos darán el poder y la fuerza de una unidad –una, única y unificada– que nos revelará toda la Luz espiritual.

Los cinco niveles o grados espirituales del alma son, enumerados según su intensidad, de la menos intensa a la más fuerte, a saber (con su nombre hebreo entre paréntesis):

1) Alma residente, la acción; Luz de la parte «inanimada» del cuerpo humano (*néfesh*).

2) Espíritu, el habla; Luz de la parte «vegetativa» del cuerpo humano (*rúaj*).

3) Alma divina, el pensamiento; Luz de la parte «animada» del cuerpo humano (*neshamá*).

4) Esencia viviente, la mente; Luz de la parte «hablante» del cuerpo humano (*jayá*).

5) Esencia única y singular, la voluntad, rayo del infinito (*yejidá*).

Se puede entender que las tres primeras –*néfesh*, *rúaj* y *neshamá*– son los niveles inmanentes del alma, es decir, niveles del alma inherentes al individuo y no el resultado de una acción exterior del mismo. En términos sicológicos se puede establecer un paralelo con el inconsciente, el consciente y el superyó.

De los otros niveles, *jayá* y *yejidá*, se puede decir que son los niveles circundantes de alta conciencia.

Cada una de estos niveles es dinámico y presenta movimientos y vaivenes. Hay transiciones y vibraciones en cada uno de ellos. Todos están interconectados entre sí, y cada uno va sumando su intensidad o calidad de Luz espiritual, creciendo hasta llegar a la corrección final de nuestra alma. Cabe mencionar que para llegar a este punto habremos experimentado y superado todo tipo de cambios y transformaciones que antes evitaban nuestra unión con una única y total Luz. Independientemente de estos cambios y transformaciones, aún deberemos ser capaces de unirnos llenando nuestro Kli con la Luz única y unificada.

Su explicación:

Néfesh

Es el grado más pequeño, la Luz de menos intensidad, la más tenue, la Luz del alma residente. Hay revelación de la Luz incluso en este nivel, aunque esta intensidad de Luz no produzca ninguna transformación. Cada uno de nosotros posee una condición espiritual mínima e "inmóvil" de la Luz espiritual, y cada uno de nosotros busca conectarse con el otro. Esta es la Luz de unificación a un primer nivel, el «inanimado».

Rúaj

Al subir de nivel, cada parte de la Luz comienza a transformarse. Al mantenerse en unión, los cambios y vaivenes de este grado de fuerza espiritual no revelan el próximo nivel de intensidad de la Luz.

En el nivel de *rúaj* ya podemos ver la transformación de nuestras propiedades individuales. Es la misma Luz de unificación, pero a un nivel más alto; pasamos del nivel «inanimado» de la fuerza espiritual al segundo nivel, el «vegetativo».

Neshamá

Al subir de nivel y manteniendo la misma Luz de unificación – una, única y unificada-, la Luz incrementa su intensidad y calidad. Dependiendo del grado espiritual de la persona, la

Luz pasa al tercer nivel, el «animado» –*neshamá*–, donde la fuerza espiritual comienza a moverse libremente en relación con el prójimo. Nuestra fuerza espiritual fluye ida y vuelta entre los individuos.

Jayá

El próximo grado del alma es el denominado *jayá*. Es el cuarto nivel, el nivel «hablante», donde comenzamos a comunicarnos espiritualmente como si todos perteneciéramos a un solo cuerpo.

Yejidá

Finalmente, el quinto y último nivel de la fuerza espiritual, el nivel divino. «Luz infinita», intensa y refinada –*yejidá*– que consolida la unidad espiritual perfecta. Al alcanzar este nivel logramos influenciar a todos en todo, como si fuéramos la misma esencia del Creador, y que marca el fin de la corrección de nuestra alma. Este último nivel del alma es la parte de nuestro ADN espiritual que nos asemeja a la esencia del Creador y que todos llevamos grabada dentro de nosotros.

Sefirot: atributos de la Luz espiritual reflejados en el Kli

Como mencionamos en el capítulo 3, el Kli está dividido en partes de diferente "refinamiento" o diferente "espesor". El Kli recibe cada uno de los cinco niveles de la Luz espiritual según el espesor o refinamiento del mismo. La Luz espiritual brilla dentro del Kli con diez intensidades, brillos o atributos diferentes llamados *sefirot.*

En estos diferentes atributos o "vestimentas" de la energía espiritual –las *sefirot*– la Luz "viste" al Kli para influenciar el deseo de la persona. Estos se pueden corregir, dependiendo de la fuerza o intensidad que la Luz espiritual ejerce sobre ellos.

Sefirá (singular de la palabra *sefirot*) tiene varios significados:

a) conteo o enumeración;

b) viene de la palabra "zafiro"; el término connota iluminación, brillo o emanación;

c) cuento o historia, expresión, comunicación;

d) límite;

e) revelación.

Las *sefirot* son diez (10). A la Luz espiritual –que es muy potente– se la puede comparar con la luz del sol que pasa por medio de "filtros" que poseen diferentes atributos y características que generan un cambio en el deseo. La Luz siempre tiene que pasar por esos filtros, no hay forma de recibirla directamente.

Las diez *sefirot* son como un rayo de luz que pasa a través de un prisma. En un lado del prisma entra el rayo de luz y por el otro lado sale dividida en un abanico de siete colores. La persona los percibe como si fueran varias lámparas de muchas tonalidades, cuando en realidad es una sola lámpara. El arco iris multicolor es una distorsión creada por el prisma. Cada *sefirá* muestra su esplendor o "brillo" cuando la persona ansía seguir con exactitud las acciones de la Luz sobre el Kli. Esto significa que las *sefirot* se visten con el deseo de la persona, ayudándola en el proceso de cambio, en la transformación del cuerpo espiritual hacia su estado de influencia.

La Luz, al afectar el deseo, traerá nuevas ideas, conocimientos y sensaciones, y nos revelará también un mundo que para nosotros será nuevo. El grado de influencia que tiene la Luz para corregir los deseos en una persona es el nivel de espiritualidad de ella.

Estas diez fuerzas creativas son las que conectan la Luz infinita del Creador con nosotros y nuestro mundo. Todo esto, por medio de nuestro Kli.

La tradición cabalística habla, generalmente, de diez *sefirot*. Pero, a veces, registra un total de once *sefirot*, pues dos de ellas representan diferentes dimensiones de una misma fuerza.

Algunas personas se refieren a las *sefirot* como la forma o atributos a través de los cuales el Creador se manifiesta y se comunica con su Creación. Pero hay que dejar en claro que las *sefirot* no son el Creador, son el medio por el cual las cualidades y atributos específicos de Él se pueden manifestar.

Las siguientes son las *sefirot* (con su nombre hebreo entre paréntesis) listadas en su orden de más proximidad a menos proximidad al Creador, de menos grosor o espesor (la más pura, más fina) a la de mayor grosor (la más impura, más espesa), de arriba abajo:

Nota: en esta lista agregamos también la *sefirá* #11) (**).

- «Corona»: la chispa o punto en donde todo comienza (*keter*) es la más fina o menos gruesa de las *sefirot* (*).

- «Sabiduría»: concepción, punto seminal, el momento del ¡ajá! (*jojmá*).

- «Entendimiento»: comprensión, articulación, construcción, ampliación (*biná*).
- «Conocimiento»: aplicación, internalización (*daat*) (** *sefirá* #11).
- «Bondad»: amor, atracción, aceptación incondicional (*jésed*).
- «Juicio»: poder, fuerza, severidad, disciplina, obligaciones, límites (*gevurá*).
- «Belleza»: armonía, gloria, empatía, misericordia (*tiferet*).
- «Victoria»: ambición, fortaleza (*netzaj*).
- «Esplendor»: devoción, humildad (*hod*).
- «Fundamento»: cimiento, base, vinculación (*yesod* ***).
- «Reino»: soberanía, presencia divina, fe (*maljut*), la más gruesa, espesa y rústica de las *sefirot*.

Como mencionamos antes, dos de ellas («corona» y «conocimiento») representan diferentes dimensiones de una misma fuerza y, por lo tanto, a veces se omite la *sefirá* 11, «conocimiento».

(*) Con respecto a *keter* o «corona», podemos agregar que es el poder de voluntad que emana de nuestra esencia divina. Cuando estamos conectados, podemos mover montañas. A veces no se puede cumplir la voluntad, pero nadie nos la puede quitar.

(***) Al equilibrar las fuerzas de *netzaj* y de *hod* se establece un sólido *yesod*, o cimiento, «fundamento» en la vida.

El *yesod* canaliza las ocho energías que la preceden (desde «sabiduría» a «esplendor»), para después compartirlas con *maljut* como etapa final de la espiritualidad.

Es importante comentar que al grupo de las siguientes seis *sefirot –jésed, gevurá, tiferet, netzaj, hod* y *yesod–* se lo denomina también *zeir-anpin* (palabra hebrea que quiere decir "rostro pequeño"). Estas *sefirot* se pueden agrupar, pues a veces ciertas actividades de la Luz espiritual son comunes para todo el grupo, por eso se las menciona como una sola.

Añadamos que, internamente, cada *sefirá* está también subdividida en diez -diferentes *sefirot*. Ejemplo: la *sefirá maljut* tiene dentro de ella las diez *sefirot (keter, jojmá, biná, zeir-anpin, maljut)*, y se las llama: *keter de maljut, jojmá de maljut, biná de maljut,* etc. El estudio interno de cada *sefirá* no es parte de este libro introductorio.

Adicionalmente, las *sefirot* se pueden clasificar, según sus características, en tres columnas (ver gráfico 2):

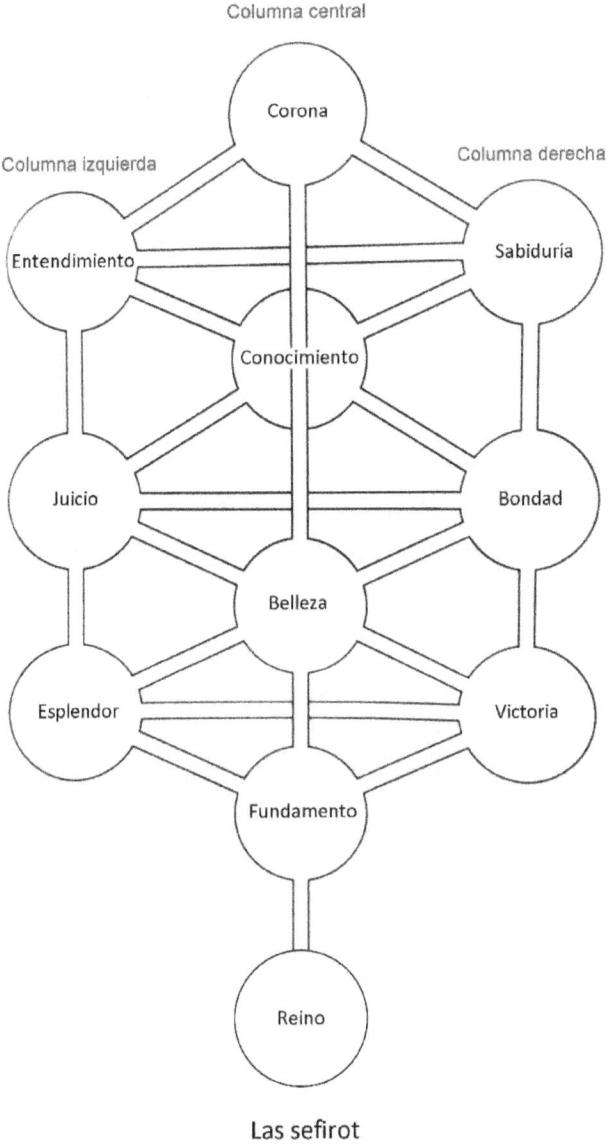

Las sefirot

Gráfico 2

- La columna o línea derecha = sabiduría, bondad, misericordia, amor y aceptación incondicional, victoria.

- La columna o línea izquierda = entendimiento, severidad, disciplina, creatividad, obligaciones, límites, esplendor.

- La columna o línea central = corona, conocimiento, belleza, fundamento y reino.

Balanceo espiritual entre las columnas

La meta de la actividad espiritual del individuo está en el balanceo perfecto entre las correspondientes *sefirot* de las columnas izquierda y derecha. El balance se expresa en las correspondientes *sefirot* de la columna central.

La columna central sintetiza las fuerzas de la izquierda y de la derecha generando armonía, unidad y paz, y que son las diez *sefirot* en estado rectificado. Llegar a la corrección de la columna central, es decir, lograr el balance entre la línea izquierda y la línea derecha es el final y meta de nuestra corrección.

Cuando hablamos de balance no quiere decir que es cincuenta por ciento cada una. Las características de la columna derecha deberán tener primacía sobre las de la columna izquierda. El valor puede ser cualquiera, por ejemplo, 85-15, 60-40, 56-44, etc. No tiene por qué ser equidistante ni un promedio. Lo importante es llegar al punto de equilibrio entre la fuerza espiritual de la izquierda y la fuerza espiritual de la derecha. Estas columnas pueden verse reflejadas en todo lo que nos rodea, en la naturaleza y en la sociedad.

Nuestro ADN espiritual tiene muchos «genes», y cada uno de ellos es un deseo o inclinación conformado por los mismos diez atributos o *sefirot*. Cada «gen» tiene su propia topografía de *sefirot*, es decir, cada *sefirá* (iluminación) tiene un valor, altura, intensidad o "cantidad" específica según el deseo y según la persona. La "cantidad" de energía espiritual en cada *sefirá* varía en cada objeto, individuo y grupo. Nuestro trabajo como individuos, comunidad y sociedad es balancear nuestras dos columnas (izquierda y derecha), para que haya un acoplamiento entre las características del Creador dentro del ADN espiritual de cada uno de nosotros para con el prójimo. Asimismo, también tendría que haber un ajuste entre nosotros con el prójimo y nuestra pareja o agrupación, es decir, un equilibrio de las partes involucradas con las características del Creador.

Por ejemplo, preguntamos ¿cómo debe un padre educar a su hijo? Si el padre solamente le otorga a su hijo amor y cariño de forma indiscriminada, es decir, solo con la iluminación de bondad (*jésed*), sin restringirlo ni limitarlo, sin severidad ni disciplina, sin la cantidad suficiente de la iluminación de juicio, obligaciones y límites (*gevurá*), entonces la educación de su hijo será terrible, será mal criado.

También se puede hacer referencia a la política, a los movimientos de izquierda y derecha. Ambas son necesarias para el desarrollo normal de un país. Pero si no se alcanzan acuerdos que balanceen estas dos posiciones que a veces parecen incompatibles, entonces reinará la inestabilidad política. Esta se refleja cuando su sistema político que rige en ese momento no coincide con el balance espiritual real que debería haber en esa coyuntura socioeconómica en la que se encuentra. Los gobiernos democráticos que funcionan solo con la mayoría absoluta (mitad + uno) no suelen ser eficientes, los cambios urgentes demoran en producirse, hay retrocesos, el país no adelanta ni se desarrolla como debería. Este tipo de democracia no contempla el balance de las fuerzas espirituales. Habría que crear una democracia con balance espiritual entre todas las fuerzas de derecha y de izquierda, para que las cosas fluyan y progrese el país en bienestar social y económico para beneficio de todos sus habitantes.

Este apasionante y álgido tema queda pendiente para otro foro.

Relación entre los niveles del alma (Luz) y las *sefirot* (Kli)

La Luz y sus cinco niveles guardan una correspondencia o relación con las iluminaciones del Kli, de la siguiente manera:

- *Keter* (la *sefirá* más fina) ←→ *Yejidá* (la Luz más intensa, refinada).

  Cuando la Luz es muy intensa y refinada, esta solo puede vestir a la parte más fina del Kli. Cuando el Kli es grueso y tosco, no puede sacar provecho de una Luz refinada.

- *Jojmá* ←→ *Jayá*

- *Biná* ←→ *Neshamá*

- *Zeir-anpin* (*jésed, gevurá, tiferet, netzaj, hod* y *yesod*) ←→ *Rúaj*

- *Maljut* (la *sefirá* más gruesa) ←→ *Néfesh* (la Luz más tenue, menos intensa).

La Luz más refinada no puede vestir la parte más gruesa del Kli, es desaprovechada. Solo una Luz tenue y débil puede hacerlo.

Capítulo 6. Nosotros

En este capítulo describiremos los elementos y características para que nosotros, tanto de forma individual como colectiva, podamos emprender activamente una preparación, concientización y disposición espiritual.

El individuo

Como individuos debemos proponernos tener una vida de paz, tranquilidad y amor, en total coordinación entre cuerpo y alma, a fin de concretar todas nuestras metas, tanto materiales como espirituales.

Ya hemos dicho que el individuo es el átomo de cualquier relación espiritual. La realidad espiritual solo se revela como mínimo en una relación binaria espiritual entre dos individuos en condiciones recíprocas. La «molécula de la espiritualidad» está compuesta por dos átomos, dos individuos: el que da y el que recibe.

Los aspectos intangibles o inmateriales del individuo (sicológico, mental, intelectual, emocional y social) le ayudarán a establecer y determinar en buena parte la composición de su sistema espiritual.

Al individuo le concierne mantenerse consciente y alerta de lo que sucede en su presente, en su ahora, con fuerza de

121

voluntad y disciplina para superar los hechos pasados o los pensamientos sobre el futuro que influyan en sus emociones, comprometiendo las decisiones que toma en el presente.

La clara meta mientras estamos vivos es completar nuestra corrección (en hebreo, *tikún*) en nuestro ADN espiritual o balanceo entre izquierda y derecha antes de que nos llegue el fin del camino físico: la muerte.

Beneficio personal

Y entonces preguntamos: ¿para qué le sirve a una persona enfatizar y darle prioridad a su parte espiritual?, ¿qué obtiene a cambio?, ¿qué gana al avanzar espiritualmente?

Al coronar un nivel espiritual más elevado respecto de donde se encuentra ahora, la persona obtiene la clara percepción de una realidad privilegiada, además de acercarse a la meta, a una eterna y perfecta vivencia.

Por lo tanto, ¿cuál es esa clara vivencia espiritual?, ¿cómo se manifiesta en la persona?, ¿cuáles son sus "síntomas"?

Cuando experimentamos un ascenso en nuestra espiritualidad, vibramos con más intensidad, y estamos más atentos y sensibles a los detalles de la vida cotidiana. Son vivencias que nos conectan con un presente limpio de influencias pasadas y futuras. Este intenso presente, de cuya existencia antes no nos percatábamos, ahora se nos revela más claro, tanto física como intelectual y emocionalmente. La calidad y cantidad de detalles en nuestro diario vivir genera en nosotros una resultante espiritual de mayor influencia.

El grupo o asociación

La relación de dos personas –relación binaria– es la mínima expresión de un grupo o equipo. Cuando hay dos personas o más en asociación, cada una de ellas podrá desarrollar su propia relación espiritual con el prójimo, que se beneficiará del proyecto espiritual. Debemos comprometer todos nuestros talentos en beneficio de los integrantes del grupo.

La conformación de un buen grupo no es fácil. Por lo menos uno de sus integrantes tendrá que estar firmemente familiarizado con gobernar un presente sin influencias emocionales de su ego para que pueda conducir las discusiones del grupo de tal forma que se mantengan las condiciones indispensables para su funcionamiento, como la garantía mutua y el tener un deseo claro de espiritualidad dentro de sí mismo. En caso contrario, la mente, que por naturaleza es egoísta, impedirá y saboteará cualquier avance espiritual.

El trabajo en comunidad es invaluable para el crecimiento espiritual, pero no suficiente. No se puede depender únicamente del trabajo en equipo ni del maestro o guía espiritual, excepto cuando se está comenzando o durante etapas de transición mientras se aprende y se practica, como veremos más adelante.

Es aconsejable evitar al máximo que surjan conflictos entre las personas por interacciones de tipo mente-a-mente o ego-a-ego, pues esto afecta el avance espiritual del conjunto. Hay veces que toca solucionar contiendas personales de manera independiente y particular en beneficio del bien común y de su obra espiritual. Es conveniente practicar la comunicación ser-a-ser, o la comunión interna entre las personas, creando, así, un espacio para la relación en nuestro ahora y nuestro presente.

La razón e importancia del conjunto de individuos consiste en que por su intermedio aparecerá dentro de cada uno de nosotros, sus integrantes, un deseo extendido compuesto por la adición de todos nuestros deseos individuales juntos.

"Quiero tus deseos, ¿necesitas los míos? Estoy dispuesto, tómalos. Pero primero asociémonos donde todos queramos conectar nuestros corazones."

Los deseos espirituales de este equipo de personas se unen para componer un solo deseo mucho más grande, integral, de mejor calidad espiritual, que agrupa a todos los deseos de las personas y que nos representa a todos y cada uno de los integrantes. Es decir, se forma un Kli del conjunto que es, obviamente, mucho más grande que el Kli de cada persona y también mayor que la suma de los Kelim. Y, obviamente, al tener un Kli más grande, nuestro poder de influencia crece correspondientemente.

Garantía mutua (*arvut*)

Garantía mutua (en hebreo, *arvut*) es la relación de interconexión e interdependencia de un equipo, como parte de un proyecto espiritual único en el que todos somos los "órganos" de un solo cuerpo.

Mi obligación como pareja espiritual de alguien o como integrante de una comunidad o equipo de obras espirituales es hacer, ejecutar, considerar y garantizar una relación continua hacia todos y cada uno de los integrantes del grupo.

¿Cuál es mi obligación para con mi grupo o pareja?

Está escrito en el *Talmud* (Sanedrín 27:72) que «Todo Israel es responsable uno del otro». Asimismo, tenemos los preceptos de «amar a tu prójimo como a ti mismo» y «no hagas al otro lo que no quieras que te hagan a ti».

Esto significa que todos y cada uno en Israel (los que estamos orientados «directamente al Creador») tomamos la responsabilidad de ayudar, cuidar, afirmar y trabajar por y para cada uno de los integrantes de nuestra pareja, grupo, comunidad o nación, con el propósito de solucionar y satisfacer sus necesidades reales y sus deseos.

La persona no puede llegar a la meta deseada en el camino espiritual si no es a través de la conexión y ayuda de las personas que lo rodean.

Relación de amor

El amor puede llegar y permanecer por algún tiempo, pero después, por lo general, desaparece. ¿Por qué? La razón de esto es porque el amor es parte de un estado natural interno de la persona. Este pasajero amor fue generado por un estímulo externo y no desde el interior del individuo.

El amor verdadero es atemporal y no está basado en formas ni emociones, no contiene juicios de ninguna índole ni pensamientos pasados o futuros que lo influyan. A amar con nuestro ego se le llama influencia-con-interés, para recibir algo a cambio, es decir, por la necesidad de recibir. Al amar sin nuestro ego nos rendimos a nuestra identidad, y es amor espiritual o amor verdadero. De otra manera no puede haber amor real. Esto quiere decir que la Luz que recibimos la entregamos completamente a la persona amada, sin quedarnos con nada; significa que nos volvemos transparentes sin que nuestro ego se manifieste en absoluto. Cuando amamos verdaderamente a alguien nos colmamos con tan solo el sentimiento de amor, o influencia, que sentimos hacia nuestra pareja o persona amada. Aunque estos sentimientos no sean correspondidos y la persona que amamos no nos ama, el tener influencia y amor real hacia alguien nos llena de plena satisfacción y nuestro Kli se verá colmado (en hebreo, *milúi*). El beneficio de crecer espiritualmente al amar es para aquel que ama, y no necesariamente para el que es amado. Obviamente, el amor real y correspondido es el estado ideal.

Si hacemos de nosotros un portal en el que nuestra divinidad interna brilla, no hay que buscar el amor, este llegará sin falta.

La unificación entre el cuerpo y el espíritu es la perfecta y última práctica sexual. La fase culminante en nuestra evolución sexual implica la conexión de nuestro cuerpo y los sentidos físicos con nuestro ser emocional y espiritual.

Un sentimiento cercano al amor es el de la compasión. Compasión es la conciencia de un vínculo profundo entre la persona y su prójimo y entre la persona y todas las criaturas en el universo. La verdadera compasión es estar consciente de un lazo común y compartido de mortalidad, y también de inmortalidad. La compasión no solo se mide por hacer algo por otra persona, sino también por estar presentes, conscientes, con integridad y plenitud para con esa persona. Tenemos que llegar al nivel en el que las dos almas entran en coordinación y que en condiciones de *arvut* –o mutua garantía– alcancemos el equilibrio espiritual.

Escoger o formar un equipo

El medio social donde nos desarrollamos y vivimos es básico para nuestro crecimiento espiritual. Somos producto y consecuencia de la sociedad en la que vivimos.

Cuando hablamos de numerosas personas en una sociedad, el individuo está cautivo dentro de ésta, con muy escasas opciones de escape. Por eso es de vital importancia vivir y mantenerse en una comunidad con altos estándares morales, pues seremos el producto de esa entidad.

Está escrito en las Sagradas Escrituras: «Consíguete un Maestro y adquiere un Amigo».

A diferencia de «conseguir» al maestro, con respecto al amigo decimos «adquirir», refiriéndonos a que entre amigos debe haber un interés manifiesto y claro de ganarse uno al otro, o de "conquistar" la amistad –sea por medio de obsequios tangibles o intangibles– entre los dos amigos. Al haber un interés constante entre amigos, la amistad puede llegar a ser honesta y duradera. Si no existe esa transacción de conveniencia mutua entre estos, la relación es ilusoria y regida por apariencias o conveniencias sociales y/o culturales.

Es nuestro deber construir un ambiente que nos guíe para utilizar la sociedad como refuerzo en la aceleración de nuestro progreso espiritual.

Si, por ejemplo, necesitamos dinero para un proyecto de beneficio social, podemos rodearnos de gente que lo apoye y trabaje por él y con la que podamos hablar de ello; esto nos inspirará a trabajar duro. O, por ejemplo, si tenemos sobrepeso y queremos adelgazar, la forma más fácil de hacerlo es rodearnos de gente que piensa, habla y decide perder peso. En realidad, podemos hacer más que rodearnos de gente para crear un ambiente, y es reforzar la influencia de ese ambiente con libros, películas, charlas, seminarios, cursos y artículos.

Todo está en el medioambiente donde nos encontramos. Por ejemplo, Alcohólicos Anónimos y las instituciones de rehabilitación de drogas utilizan el poder de la sociedad para ayudar a las personas cuando no pueden ayudarse a sí mismas.

Si usáramos nuestro ambiente correctamente, lograremos cosas que ni soñábamos alcanzar.

El deseo de entender el sistema espiritual no es la excepción.

Si anhelamos la espiritualidad y aumentar nuestro acceso y deseo por ella, tan solo necesitamos tener amigos, textos y un maestro adecuados a nuestro alrededor. La parte divina de nuestro ADN espiritual hará el resto.

Ejemplos de entidades con base espiritual

El común denominador de las sociedades, países, civilizaciones, pueblos o tribus es la lucha por el dominio social, intelectual, cultural, emocional y económico del uno sobre el otro, que se expresa en el comportamiento humano de conquista, poder y otros tipos de deseos imperialistas. Pero cuando el común denominador es una conexión por medio de un proyecto u obra espiritual, no hay competencia por la influencia: cada uno tendrá su propia parte que le traerá satisfacción (en hebreo, *sipuk*), placer y beneficio, tanto al individuo como a la colectividad.

Podemos enumerar algunos ejemplos de entidades con proyectos espirituales:

- Uniones espirituales naturales, como las relaciones padres-hijos, marido-mujer, familia, parejas de amigos, etcétera.

- Organizaciones con contenido espiritual, una identidad y un propósito, establecidas para el beneficio del ciudadano, como el gobierno, sus organizaciones y compañías públicas, asociaciones sin ánimo de lucro, colegios y universidades, fondos de negocios privados y públicos de apoyo social, etcétera.

- Grupos virtuales basados en proyectos espirituales en las redes sociales, chats, e-mails y otras aplicaciones electrónicas y cibernéticas.

Es importante anotar que debemos reafirmar constantemente que el proyecto espiritual beneficia a la comunidad, pues existe la peligrosa posibilidad real de que esta obra se convierta en una relación de interés económico o de tráfico de influencias personales como su principal motivo, anulando el efecto espiritual y desviándonos de nuevo hacia la competencia egoísta por sí misma.

Capítulo 7. Avance espiritual

En este capítulo estableceremos en forma clara y concisa los pasos a seguir para lograr el éxito espiritual que nos conduzca a una vida de paz, tranquilidad y amor, para realizar todos nuestros deseos, sean tangibles e intangibles, materiales, espirituales, intelectuales o físicos.

Camino al éxito espiritual

El éxito espiritual implica dominio y presencia en nuestras vidas de un nivel personal, influencia a nivel social (familiar, comunitario y mundial) y vivir en forma íntegra y satisfactoria con lo que tenemos, en armonía con el ecosistema y el gozo de compartir nuestros logros.

El camino al éxito espiritual debe ser una ruta grata que produzca felicidad en cada paso que damos y a cada nivel que lleguemos, hasta alcanzar la meta deseada.

Metas a lograr

El avance espiritual se produce por medio del logro de estas dos metas:

A. La conexión con una persona o conjunto de personas.

El estado de influencia se obtiene imitando las acciones del Creador; se puede conseguir únicamente en relación con otra persona o grupo. Esta conexión facilita el estado de influencia y suple la capacidad de alcanzar y satisfacer una necesidad o un deseo latente dentro de uno.

B. La adquisición de la esencia misma del Creador. Proclamar la necesidad de alcanzar el propósito del Creador es una petición formal para recibir la Luz espiritual. La determina cada persona según su propio ADN espiritual, que recibirá de acuerdo a su capacidad, es decir, según su semejanza con la esencia del Creador o su equivalencia de forma al Creador y su propio ADN espiritual.

Avance individual

Las actividades privadas del individuo, como orar, meditar, estudiar y leer sobre la espiritualidad o temas relacionados, son básicas para lograr éxito en nuestro avance espiritual. Cuando hablamos del avance individual es imprescindible el estudio de textos relacionados con el sistema espiritual (Cabalá). El individuo, al igual que el grupo, tendrá que estudiar textos que lo sumerjan en el tema.

Del mismo modo, es importante que en forma paralela e independiente a la relación espiritual con su pareja o equipo, la persona debe corregir y mejorar en lo posible sus relaciones interpersonales y, si es necesario, también sus rasgos psicológicos, motivacionales, organizacionales y de comportamiento social, para facilitar al máximo el desarrollo de nuestra meta: los proyectos y obras espirituales cuyo resultado sea el bienestar general.

La capacidad de cambio individual en cada persona es importante y positivo, e influye directamente en la conexión espiritual entre él y sus compañeros de grupo, los beneficiarios del proyecto espiritual, además de la sociedad en general. La idea es que cada individuo –en sus relaciones interpersonales, en proyectos espirituales– pueda fluir con facilidad de conexión y comunicación con la gente. Toda mejora personal en cualquier área es bienvenida como beneficio para la conexión espiritual. Podemos avanzar por medio del autoestudio, la lectura, los cursos por Internet, móvil, encuentros y seminarios. Todo esto, con el propósito de desarrollar obras espirituales.

Es importante anotar que el grupo en sí no determina la cantidad ni la calidad de Luz espiritual, ni el tipo de influencia que se habrá de recibir. La cantidad, calidad y tipo de influencia de Luz espiritual que le llega a cada persona será acorde con el nivel espiritual en que se encuentre. Las personas no podemos escoger qué queremos recibir ni en qué influir. Tan solo podemos intervenir en la vía o forma de avance en nuestra travesía espiritual, es decir, qué camino tomar para acercarnos cada vez más a entender y manejar nuestro sistema espiritual.

Nosotros insistimos (en forma de plegaria hablada o silenciosa) en recibir más Luz. Pero la recepción de Luz espiritual no depende del grupo o pareja, sino del tipo y de la calidad de conexión que nosotros como individuos mantenemos con nuestros proyectos espirituales, sus beneficiarios y con cada una de las personas del equipo; no se trata de la cantidad de personas con las cuales tenemos conexión, sino de la calidad de cada conexión.

Modos de avance espiritual

Todas las personas del planeta estamos en un constante avance espiritual, aunque a veces sea muy lento y no lo noten. Como ya mencionamos en la parte del dinamismo de la espiritualidad, el avance natural de la civilización hacia la espiritualidad se efectúa a un ritmo muy lento, mientras que el crecimiento del ego universal sigue uno más rápido.

Por lo general, la evolución espiritual en la gran mayoría de la gente que todavía no es consciente de su sistema espiritual avanza en forma inercial, muy lentamente, al ritmo del comportamiento de la sociedad, sin ningún esfuerzo especial y sin el propósito de búsqueda de la espiritualidad. Cuando se avanza de esta forma nos enfrentamos a coyunturas, momentos y situaciones que generan sufrimientos, golpes, castigos, tragedias naturales y tantas otras desgracias inesperadas, que son reacciones a la inactividad espiritual, por dejar de lado el interés de imitar al Creador.

Es como cualquier cuerpo vivo: si no alimentamos nuestra espiritualidad, experimentaremos padecimientos que se hubiesen podido evitar.

Por lo tanto, no nos queda más que avanzar en nuestra espiritualidad a un ritmo más rápido que el del crecimiento de nuestro acelerado e inflado ego.

Podemos clasificar el avance espiritual en dos estilos o conductas diferentes:

1) En forma reactiva, a empujones por medio del sufrimiento, muy despacio, o

2) En forma proactiva, es decir, guiados por la obra espiritual que estamos desarrollando, en forma acelerada.

Podemos decidir si avanzamos rápidamente (a las buenas) o lentamente (a las malas).

Siempre habrá un avance. La pregunta es cómo adaptarlo a nuestras vidas: si tratamos de aprender y de tener el firme propósito de movernos en dirección al Creador, lo cual sería mucho más acelerado, o por el contrario, si nos vamos a estancar o retroceder y avanzar a empujones, a golpes de garrote y desastres. Este es el ritmo habitual en nuestros tiempos y el común de la civilización durante los últimos siglos.

Capítulo 8. Modelo espiritual

El modelo espiritual contiene entidades las cuales definimos a continuación.

Entidades del modelo espiritual propuesto

Las entidades básicas e indispensables para el camino al éxito espiritual son las siguientes:

1. El **individuo:** cada uno de nosotros, el átomo de la relación espiritual.

2. El **grupo** o equipo, que puede ser:
   o relación binaria: uno-a-uno (entre la pareja, dos amigos, padre e hijo, profesor y alumno, dos colegas, etc.);
   o relación de uno-a-muchos (entre profesor y alumnos, jefe y empleados, capitán y soldados, entre una persona y su congregación, etc.);
   o relación de muchos-a-muchos (entre los integrantes de una tropa, entre los jugadores de un equipo de fútbol, entre varias agrupaciones, entre los integrantes de una familia, etc.).

3. El **maestro,** líder, mentor o guía espiritual.

4. El **estudio y lectura** de los documentos y escritos relacionados con el sistema espiritual.

5. El **proyecto espiritual:** proyectos u obras con que se influencia a una o más personas por medio de ayudas y otros actos de bondad. La implementación de un proyecto espiritual, su obra en marcha, retroalimenta el sistema espiritual de quienes en él participan.

Entre cada una de estas entidades existen relaciones con condiciones a cumplir, tareas a efectuar y metas que alcanzar para que un proyecto espiritual pueda ser implementado.

El modelo espiritual aquí propuesto está compuesto por dos círculos o ámbitos, a saber:

I. Círculo de establecimiento y puesta en marcha.

II. Círculo de acción espiritual, progreso y evaluación.

De cada uno de estos círculos mencionaremos sus partes, elementos, eventos y actividades, condiciones de operación y metas.

Círculo I: establecimiento y puesta en marcha

El círculo I es el de establecimiento y puesta en marcha, en el que la persona comienza el proceso del estudio e inmersión en el sistema espiritual. Este círculo incluye las siguientes entidades:

1. Maestro (**M**)
2. Estudio (**E**)
3. Individuo (**I**)
4. Grupo (**G**)

Estas cuatro entidades deben ser establecidas al comienzo de cualquier proyecto espiritual.

Como dijimos antes, a este círculo llegamos al comienzo de nuestro camino espiritual. Pero hay también momentos en que la persona, estando en el círculo II, necesita realizar actividades del círculo I, tales como conseguir otro maestro, pues el que tenía ya no está disponible, o conseguir un nuevo equipo o pareja.

Guía relacional de las entidades del círculo I

Las entidades del círculo I están relacionadas entre sí por medio de eventos y actividades de la siguiente forma (gráfico 3):

- Un (1) maestro puede enseñar y guiar a muchos (N) individuos (relación 1 → N)

- Un (1) maestro puede enseñar usando muchos textos (relación 1 → N)
- Un (1) maestro puede enseñar y guiar a varios equipos (relación 1 → N)
- Un (1) individuo puede pertenecer a varios grupos y en un (1) grupo puede haber dos personas o más (relación N ←→ M)
- Un (1) individuo puede estudiar varios textos o fuentes y un (1) texto es estudiado por muchos individuos (relación N ←→ M)

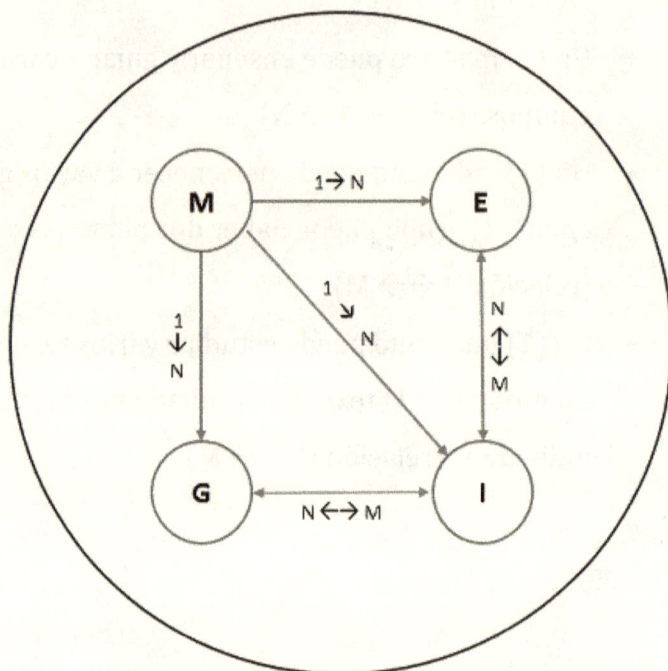

Círculo I

Gráfico 3

Para un mejor entendimiento presentamos el gráfico 4, que es un resumen de las cuatro entidades del círculo I, y que nos sintetiza el gráfico 3:

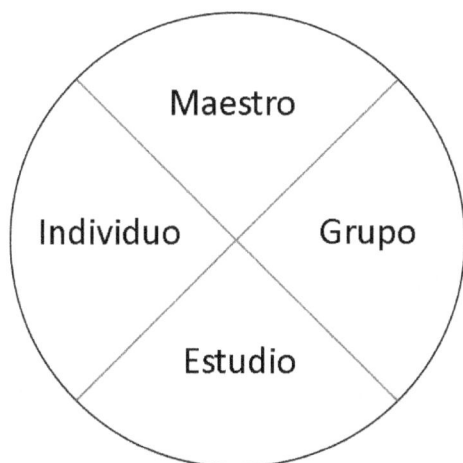

Entidades del círculo I

Gráfico 4

Maestro, líder o guía espiritual

Encontrar un maestro, líder o guía espiritual es una de las entidades básicas del círculo I.

El maestro deberá enseñarnos el método de trabajo con la Luz espiritual, escrito en los textos sagrados del tema.

Como mencionamos antes, está escrito en las *Sagradas Escrituras* «Consíguete un Maestro y adquiere un Amigo».

Hay que conseguir o hacerse de un maestro que podamos exaltar, admirar y verlo como a alguien con más y mejor entendimiento de la parte espiritual que nos pueda guiar y enseñar, así como un padre guía y enseña a su hijo.

En ocasiones, el maestro puede ser, a su vez, un amigo que hay que "adquirir". Lo importante es que tenga más conocimiento y experiencia en el sistema espiritual y su funcionamiento.

El maestro debe permanecer juntos a sus alumnos, siempre y cuando ellos lo necesiten. Tan pronto como esta necesidad desaparece, a los alumnos que estén listos para continuar les llegará el próximo maestro.

La meta del maestro es la de enseñarles a sus discípulos las reglas básicas y el comportamiento de las fuerzas espirituales de forma que la persona comience a aprender a pensar, al mismo tiempo en forma independiente y en conjunto, en términos espirituales. De esta forma aprenderán a distinguir y aplicar lo que ya está escrito en los libros y las fuentes primarias.

El alumno puede seguir al maestro toda la vida si así lo desea.

Estudio de textos relacionados con el modelo espiritual

El estudio y lectura de libros, textos y documentos relacionados con el tema es otra de las entidades del círculo I. Esta actividad es paralela a la consecución de un maestro, pues van juntos y son complementarios uno del otro: el maestro nos enseña según los libros y textos sagrados.

Al inicio del aprendizaje de la espiritualidad, es lógico y natural que debamos estudiar los libros sagrados en los cuales el sistema espiritual está explicado en diferentes niveles de comprensión y entendimiento.

Hay gente que comienza estudiando libros sagrados básicos según su nivel de comprensión, explicación e interpretación, como por ejemplo:

1) El *Tanaj* –y que incluye: el Pentateuco (en hebreo, *Torá*), los profetas y los escribas-, textos de nivel simple.

2) La *Mishná*, gematría, textos de un nivel más sofisticado, textos de consejos e insinuaciones.

3) El *Talmud*, textos de alto nivel que se discuten, se debaten, se demanda, se busca, se refuta y se pregunta.

4) El *Zohar*, textos abstractos de explicación espiritual de actividades físicas, de revelación, esotéricos con secretos

y misterios que explican los escritos de niveles anteriores,
que explican en detalle el sistema espiritual.

El libro que trajo todos los secretos relacionados al sistema
espiritual es el famoso libro del *Zohar* (Esplendor) escrito por
Rabí Shimón Bar Yohai (apodado «Rashbi») en el siglo II d. C.
Cabe mencionar que uno de los primeros libros sobre
espiritualidad y base del libro *Zohar* es el *Sefer Yetzirah*,
redactado por el patriarca Abraham hace más de 3000 años.
El *Zohar* no se puede estudiar en forma solitaria. Sus
conocimientos deben ser pasados del maestro (cabalista) al
alumno. Por esta razón, al estudio del contenido del *Zohar* se
lo llama Cabalá, palabra hebrea que quiere decir recepción.
Es decir, que su contenido es transmitido del maestro –quien
ya ha recibido su contenido– al alumno. En términos
cabalísticos, al maestro espiritual, con muchos años de
estudio del *Zohar*, se lo denomina *mecubal* ("recibido" o
"aceptado"), es decir, que ya recibió el conocimiento básico
del sistema espiritual.

Leer el *Zohar* como si fuera un libro común y corriente lo
hará inaprensible. Para asimilarlo hay que comprender una
introducción básica suministrada por el maestro, en la que el
corazón y el alma de la persona pueden comenzar a absorber

todo lo que la ciencia de la Cabalá nos trae, sus demandas, opiniones y perspectivas sobre la vida y el mundo.

Desde que el *Zohar* se escribió, muchos cabalistas han publicado diversos libros de comentarios respecto del sistema espiritual. Podemos mencionar renombrados cabalistas, como Rabí Yehuda Ashlag (Baal Ha-Sulam), Nahmanides (Ramban), Moisés Cordovero, Rabí Isaac Luria o «Ha'ari» («el León») o «Arizal», Jaim Vital, Moisés de León, el Maharal de Praga, Rabí Moshe Jaim Luzzatto, Rabí Nachman de Breslov, Rabí Shneur Zalman de Liadi y otros santos y genios del sistema espiritual.

Preparación del individuo

Otra entidad del círculo I es la preparación del individuo en su forma de vivir el presente. A la persona que ya goza y entiende su «punto en el corazón», es decir, que tiene conciencia de su ADN espiritual y de su «gen» divino, le corresponde vivir sus eventos y actividades en condiciones específicas que lo orienten hacia sus metas espirituales.

Al individuo le toca, fuera del estudio y de la consecución del maestro, ayudarse a sí mismo para ascender constantemente en su nivel espiritual mediante la plegaria en congregación, los actos de bondad, la ayuda al prójimo, el voluntariado en beneficio de la sociedad. Cabe mencionar que el individuo por sí mismo y sin necesidad de una pareja o grupo puede ayudar a gente necesitada con actos de beneficencia, como donaciones de dinero para la realización de proyectos espirituales o contribuciones de su tiempo y dedicación al trabajo voluntario en proyectos de colaboración social.

Como individuos deberemos esforzarnos para entender y sacar provecho de todos los datos y sucesos que se nos presentan en nuestro diario vivir.

El individuo adquirirá poco a poco propiedades que lo harán entender la "topografía" de su propio sistema espiritual. Gracias a una básica concientización del modelo espiritual, comenzará a vivir cada momento del día en buen estado físico, con un propósito definido, con entusiasmo, influencia y persuasión, sin depresión ni otros problemas emocionales, feliz con lo que tiene y adquiere, con claridad de pensamiento, excelente productividad y energía en su diaria labor, con actitud positiva, compañerismo hacia el prójimo, con confianza en sí mismo y suscitando credibilidad y admiración en los demás.

Integración a un equipo de personas

La integración e interrelación del individuo para con su grupo o pareja, con el propósito de desarrollar proyectos espirituales de mayor envergadura, es otra de las entidades del círculo I.

Entre más grande sea el equipo, más difícil será entrar en mutua garantía *arvut* entre los integrantes de esta asociación, pero se obtendrá un beneficio mayor. En el judaísmo se requiere un mínimo de diez hombres para rezar en congregación, y este hecho está también relacionado, entre otros, con las diez *sefirot*.

Con la excepción de una pareja, en la que ya hay establecida una relación común entre dos personas –por ejemplo, marido y mujer, casados o en unión libre–, recomendamos que los equipos sean de un solo género, hombres y mujeres por separado, para así tratar de evitar al máximo inconvenientes de índole romántica o de género, susceptibles de interferir en el proyecto espiritual. Esta recomendación, que evidencia modestia y humildad, es una sana medida de sencillez, de no pretensión, que puede ayudarnos a obtener resultados espirituales más rápidos. Cabe aclarar que, dependiendo de la edad de la gente de un equipo, por ejemplo, personas adultas de la tercera edad, sí se podrán conformar comunidades de ambos sexos. Es común en nuestra sociedad la existencia de agrupaciones sin ánimo de lucro gestionadas perfectamente por tan solo una o dos personas, socias de una obra espiritual.

La meta final de la espiritualidad para el equipo es estar interconectados como si fuéramos un solo cuerpo y una sola alma general, mucho más grande que la de cada uno de sus integrantes, que nos incluye a todos y en la que todos somos conscientes de tal integración y unión. Al llegar a este estado, la Luz espiritual infinita fluirá entre todos los integrantes del equipo sin limitaciones ni excepción alguna.

Para que el individuo entienda lo que le ocurre, trascienda en forma positiva y pueda ver con claridad la realidad del mundo que lo rodea, debe aprovechar al grupo como una plataforma en la que se trasluzcan todos sus deseos y los de la agrupación. La agrupación nos deberá suplir con su capacidad de elevar y poner en relieve una necesidad o deseo latente dentro de cada uno de nosotros.

De ahí que la influencia del grupo o sociedad en la persona es lo más importante para nuestra formación, tanto espiritual como social.

Como hemos dicho en capítulos anteriores, estamos presos de la sociedad en la que vivimos. Si una persona está en una empresa "perjudicial" o "dañina" o cuya influencia no le traiga provecho, de la misma calidad serán los resultados. Si tenemos la suerte y habilidad de escoger, formar parte o de rodearnos de un conjunto de individuos conscientes de su «punto en el corazón» y con intereses espirituales como los nuestros, los resultados en nuestro avance espiritual serán positivos.

En estos tiempos en los que Internet es parte integral de nuestras vidas, en la que miles de aplicaciones agrupan a personas y comunidades, tales como la red social Facebook, la pregunta es: ¿se puede conformar una agrupación virtual espiritual? La base de un equipo es la integración directa entre sus miembros, lo cual requiere preferentemente una presencia real de la persona. Una vez conformada, en funcionamiento y establecida la agrupación, la interacción virtual sí hará posible adelantar muchos aspectos del proyecto espiritual.

El individuo deberá continuar y permanecer en este círculo I hasta que comience a presentar avances en su realidad espiritual, como revelar un incremento en el nivel de influencia básico en sus relaciones espirituales.

Círculo II: acción espiritual, progreso y evaluación

El círculo II, de acción espiritual, progreso y evaluación, está referido a la persona que comienza a reflejar la esencia del Creador dentro de sus relaciones espirituales para con su pareja, su familia y la comunidad. El individuo ya presenta alguna revelación del sistema espiritual en él.

Este círculo incluye las siguientes entidades:

1. Círculo I (**C1**)
2. Proyectos/obras espirituales (**PE**)
3. Personas beneficiadas de la obra espiritual, prójimo (**B**)

A este círculo llegamos una vez establecido el círculo I, el cual ahora empieza a ser parte del círculo II. Como mencionamos antes, hay momentos en que la persona, estando en el círculo II, necesita actualizar actividades del círculo I.

El círculo II incluye los pasos finales del sistema, los cuales se deberán repetir en forma continua hasta llegar al nivel más alto de espiritualidad, que es cuando el alma de la persona está completamente corregida y la Ley de la equivalencia de forma es absoluta: el final de nuestra corrección.

Guía relacional de las entidades del círculo II

Las entidades del círculo II están relacionadas entre sí por medio de eventos y actividades de la siguiente forma (gráfico 5):

- Un (1) círculo I puede participar en muchos (N) proyectos u obras espirituales (relación 1 → N)
- Un (1) círculo I puede beneficiar a muchas (N) personas (relación 1 → N)
- Un (1) proyecto u obra espiritual puede beneficiar a varias personas y una (1) persona puede recibir beneficios de varios proyectos u obras espirituales (relación N ←→ M)

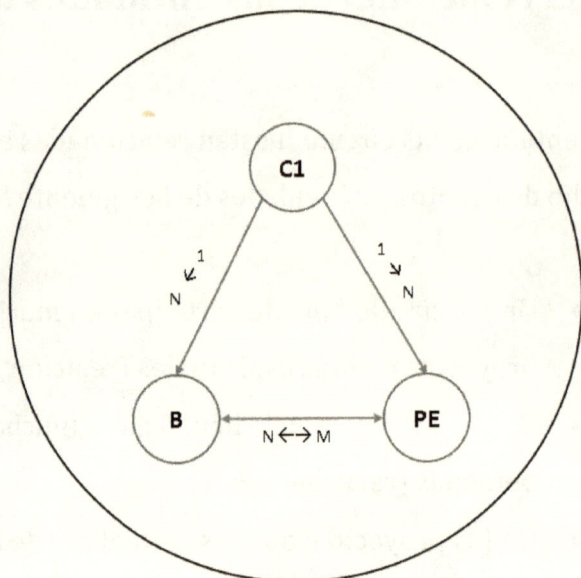

Círculo II

Gráfico 5

Las entidades del círculo II son aquellas que nos dan la información para el logro de proyectos u obras espirituales. Dentro del círculo II hay actividades que deberán realizarse para medir nuestro avance espiritual, evaluar nuestra influencia sobre el prójimo, reflexionar para mantener nuestro nivel espiritual actual y corregir detalles necesarios para el crecimiento continuo.

A continuación presentamos un diagrama que nos muestra las actividades del círculo II.

Diagrama de flujo de actividades del círculo II

El diagrama de flujo de las actividades de cada entidad del círculo II y de la forma de operación de nuestro modelo espiritual se muestra en el siguiente esquema:

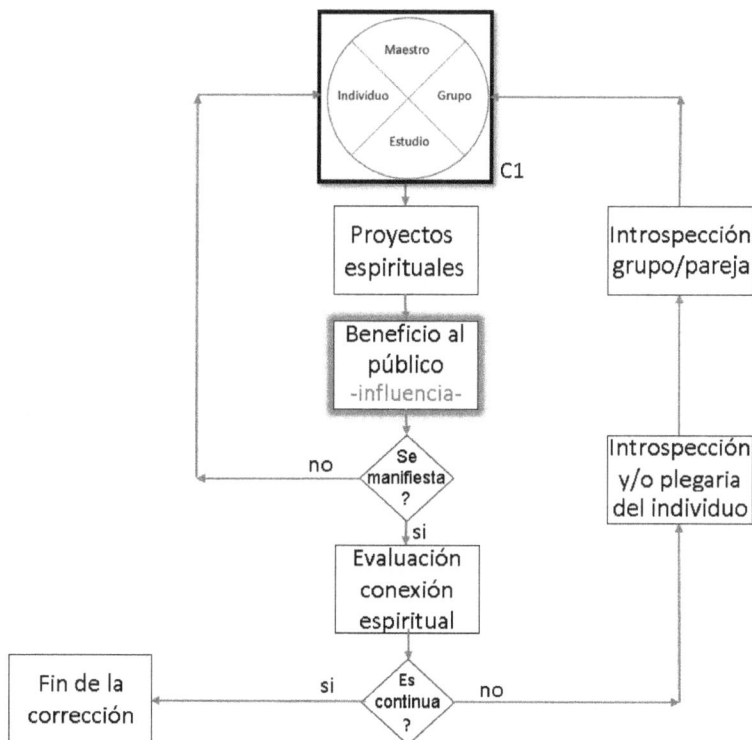

Gráfico 6

En el gráfico 7 presentamos un resumen de las entidades del círculo II, que sintetiza el gráfico 6:

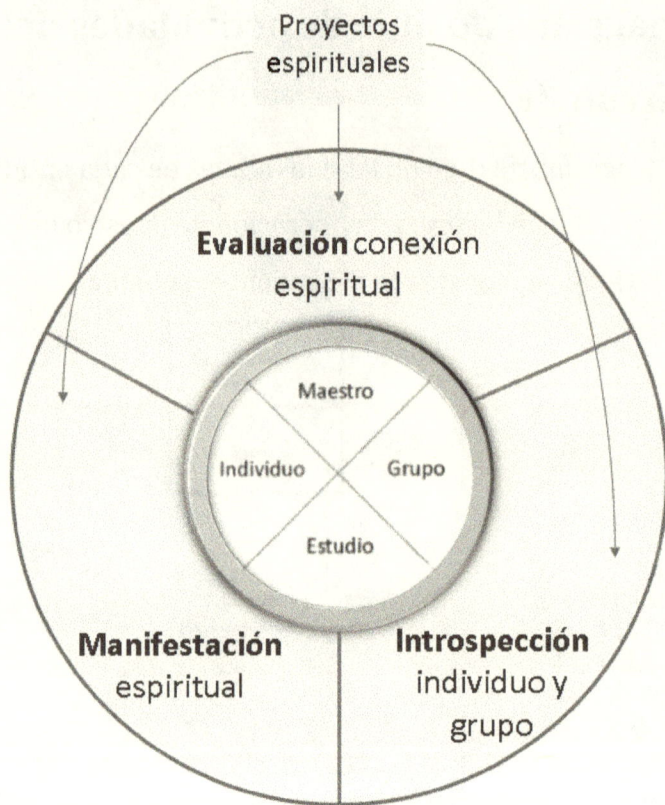

Proyectos
espirituales

Evaluación conexión
espiritual

Maestro

Individuo   Grupo

Estudio

Manifestación
espiritual

Introspección
individuo y
grupo

Entidades del círculo II

Gráfico 7

Manifestación de la esencia del Creador en nosotros

Cuando nuestra realidad espiritual se manifiesta en forma de influencia, entrega y ayuda, bien sea en forma individual, de pareja o en equipo, la persona experimenta el sentimiento de satisfacción (en hebreo, *sipuk*). Podemos ver y entender que estamos influenciando y haciendo las cosas con una clara entrega a nuestro entorno, es decir, al prójimo y al ambiente social. Puede que tengamos un motivo de conveniencia personal o que ganemos algo al influenciar y dar de nosotros, pero no importa. Lo importante es que seamos capaces de ayudar y contribuir con la obra espiritual.

Hay dos niveles de influencia o entrega:

a) el tener un motivo o interés de influenciar, y

b) el influenciar, dar, entregar y ayudar solo por el hecho de hacer lo correcto, lo pedido, lo indicado, en un nivel más alto, altruista.

El camino necesario para ascender a veces incluye el volver a comenzar en un nivel que ya habíamos alcanzado. El peldaño en el que nos encontramos presentes ahora se llama «el mundo actual», y al próximo escalón se lo denomina «el mundo próximo/siguiente o superior», es decir: el lugar de hoy + un escalón = el próximo mundo o mundo superior.

Uno de los puntos clave cuando se manifiesta la parte espiritual en la persona es -mantener el ritmo de este avance espiritual para que la Luz siga brillando continuamente. En ocasiones sentimos que estamos conectados con una energía superior o Luz que nos da una sensación de calma y felicidad, pero rápidamente todo se desvanece y volvemos a estar "desconectados". En estos casos, tendremos que seguir activos en el círculo I, además de hacer retrospección y evaluación de nuestra espiritualidad.

Introspección y ajuste del individuo con el Creador dentro de sí

Una vez que la persona ha logrado un ascenso en su nivel espiritual, el próximo paso de este modelo es la introspección sobre su ascenso (o descenso) por medio del estudio, la reflexión y, a veces, también de la plegaria.

Decimos que la naturaleza es toda la sabiduría y que está "vestida" o representada en la materia, es decir, la Luz misma "traducida" en algo físico y tangible, lo cual es medible.

La naturaleza es la parte interna del individuo, expresada y copiada fuera de él. La pareja y el equipo espiritual se convierten también en parte de la naturaleza por medio de sus proyectos y obras espirituales.

La introspección espiritual a nivel de pareja y/o equipo se expresa en ajustar deseos que todavía no han llegado a una clara definición. Deseos con una mejor y más alta resolución con los que, por el momento, seguimos trabajando.

La introspección espiritual se logra siendo sinceros con nosotros mismos y con nuestra pareja y equipo. Con extremado cuidado social y emocional, tendremos que aclarar y ventilar detalles importantes sin ofender o maltratar a quien está comprometido en el proyecto espiritual. No hay que ser súbdito de nadie y tampoco hipócrita, doble-cara o falso. Con valentía y tacto debemos ser reales y auténticos.

De la misma manera, y como parte de los ajustes que fueren necesarios, deberemos considerar los aspectos organizacional, logístico y la coordinación de eventos o situaciones involucrados con el proyecto espiritual de la pareja o equipo.

Sobra mencionar que la introspección está también relacionada con su interacción social, intelectual, política y económica de la pareja o equipo.

Por último, pero de fundamental necesidad, es la plegaria: sea individualmente o en conjunto. Toda oración es parte del sistema espiritual en el proceso de introspección individual y de grupo.

Evaluación de la conexión espiritual

Debemos examinar nuestra influencia en la gente y en el entorno. En esta evaluación cuantificamos la cantidad y calidad de "chispas" de la esencia del Creador que brilla dentro de nosotros.

Es importante evaluar el estado de altura espiritual, o influencia de la persona. La realización de la obra espiritual nos genera satisfacción, nos hace sentir plenos. Esta sensación se refleja en el Kli de la persona, pues ha aumentado su capacidad de recepción espiritual. Al tener un Kli más grande, se extienden también los deseos, es decir, que estamos creciendo espiritualmente.

El individuo debe continuar adelante hasta completar la corrección total de su alma.

Ascendemos en el nivel espiritual según los cambios internos que se realizaron dentro de nosotros. Los cambios externos no funcionan, pues, como ya hemos visto, lo externo es mentira y decepción; solo hay cambios internos.

A veces ocurren descensos en el desarrollo de la espiritualidad de un individuo, y en caso de que los suframos, debemos recuperar rápidamente el camino perdido por medio de la solicitud, apelación y rezos por nuestro propio bienestar espiritual y de todo aquel que es «Israel».

El estudio del sistema espiritual ejerce sobre la persona una fuerza, la Luz, que actúa sobre la materia espiritual del individuo. Esta fuerza está «fuera» de nosotros y por eso se la llama «fuerza oculta». Como ya dijimos en ocasiones anteriores, al arribar la Luz espiritual sobre lo oculto, este se «ilumina» y pasa a ser revelado. Al estar algo claro, algo que antes no estaba manifiesto, es porque hemos subido de nivel. Ahora lo podemos medir y cualificar.

Cada vez que estamos conscientes y presentes, y entendemos e internalizamos una forma espiritual (un deseo), descubrimos que hemos activado dentro de nosotros al Creador expresado en ese deseo. Decimos que el deseo estaba latente pues siempre había existido en nosotros, pero es porque no le había llegado todavía la Luz espiritual que ilumina.

Lamentablemente, muy a menudo dejamos pasar oportunidades de crecer espiritualmente, sea por no estar conscientes en esos instantes o por no entender esta nueva forma espiritual, un deseo latente ahora implementado, en el cual nuestra alma adquiere una nueva "prenda" o "vestimenta". Al perder oportunidades, se comienza a acumular retrasos o disminuciones de la cantidad de Luz espiritual requerida en nosotros. Es decir, mantenemos nuestros deseos lejos de su resolución sin que la Luz espiritual pueda iluminarlos. Es una pena dejarlos pasar uno tras otro, sin entenderlos, sin ser conscientes de ellos y, por lo tanto, lejos de brillar como el Creador.

Este retraso, acumulado por mucho tiempo (cientos o miles de años), se traduce en prohibiciones, contravenciones, oposiciones, obstáculos, restricciones, censuras y "golpes". Los golpes pueden ser psicológicos (confusión, disociación, esquizofrenia, etc.), sociales y físicos (enfermedades de todo tipo, guerras, inestabilidad social y también la muerte).

Resultante y práctica del modelo espiritual

Hay tres factores básicos a tener en cuenta para valorar la resultante del crecimiento espiritual y su manifestación, a saber:

1) el nivel espiritual de la persona, pareja o grupo;

2) los receptores o beneficiarios directos del proyecto; y

3) las necesidades y deseos satisfechos por el proyecto espiritual.

Es una fórmula que mide nuestra influencia con tres factores; cada factor multiplica al otro y da una resultante.

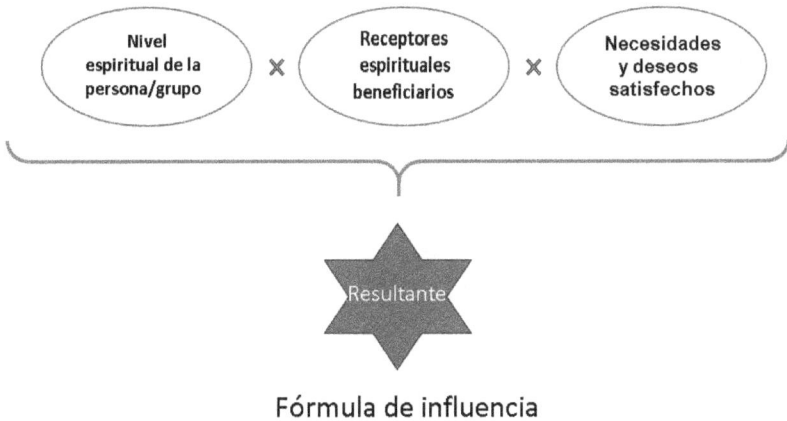

| Nivel espiritual de la persona/grupo | X | Receptores espirituales beneficiarios | X | Necesidades y deseos satisfechos |

Resultante

Fórmula de influencia

Gráfico 8

El Creador, quien es «Uno, único e inmutable», es la máxima influencia. En Él, y lo digo de forma figurativa, está la resultante máxima.

Nivel espiritual

Cuando hablo del nivel espiritual, me refiero a la persona, pareja o grupo. Toda entidad tiene un Kli espiritual. El tamaño del Kli es su nivel espiritual.

Obtener un avance espiritual no es suficiente para mantenerlo. Lograrlo es el resultado de la relación espiritual entre nuestro ser y otra persona o personas, y deberá ser continuo y constante. Aunque experimentemos pequeños altibajos, seguiremos notando que hemos llegado a un «nuevo mundo» con lujo de detalles o intensidad en cada momento, que antes no nos deteníamos a observar. También puede ocurrir que, a pesar de estar en plena práctica de nuestro avance y desarrollo del sistema espiritual, hagamos algo que nos hará perder el nivel al que habíamos llegado. Notaremos claramente la diferencia. Por experiencia propia, puedo decir que regresar a donde estábamos es muchísimo más rápido que lo que nos tomó llegar la primera vez. Esta corrección nos obliga a una introspección. Es indispensable identificar la actividad o hecho que, según nosotros, mermó nuestra resolución e influencia. Una vez internalizada la "bajada", muy rápidamente recuperaremos nuestro nivel. Seguiremos ejecutando nuestras obras espirituales, las cuales nos devolverán al nivel en el que estábamos o, incluso, quizás podamos alcanzar uno de mayor altura y refinamiento. La continuidad se mide en términos de días, semanas, meses, etc. Con un avance espiritual modesto, el cual se siente en forma constante y continua, podremos hacer una evaluación de nuestro estado y conexión espiritual.

Beneficiarios y receptores de la obra espiritual

Los beneficiarios y receptores del proyecto son un factor básico en la resultante.

«Beneficiados», y lo escribo entre comillas porque queda claro que las personas que ejecutan el proyecto espiritual obviamente son también altamente beneficiadas espiritualmente por el solo hecho de ayudar o influenciar al prójimo.

Hay receptores o beneficiados directos e indirectos. No entraremos en la definición del tipo de receptores, pero lo principal es que haya y se exprese algún tipo de "ganancia" de la obra espiritual.

En términos absolutos, y siendo este uno de los factores multiplicativos de nuestra fórmula, entre más beneficiarios directos haya, mejor será la resultante.

Pero es importante aclarar que el número de personas beneficiadas está directamente ligado a la calidad y al contenido del proyecto espiritual. En ocasiones, ayudar a una sola persona necesitada equivale a una resultante igual o mayor que un proyecto que beneficia a diez personas con otras necesidades.

Necesidades o deseos satisfechos

Los deseos satisfechos o necesidades suplidas por la obra espiritual es otro de los factores básicos de la fórmula de la resultante espiritual. Entre más deseos sean satisfechos a la persona o grupo, mejor será la resultante.

Para este factor también debemos dejar claro que dependiendo del tipo de deseo o necesidad y de su alcance o magnitud, en ciertas circunstancias una sola necesidad satisfecha genera una resultante igual o mayor que varias necesidades o deseos juntos.

Este factor puede ser diferente para cada individuo, y sus necesidades o deseos pueden tener diferente peso o importancia.

Capítulo 9. Perspectivas o puntos de vista del modelo espiritual

Para explicar y desarrollar algunos puntos del modelo espiritual propuesto, presentamos tres diferentes perspectivas:

1. Perspectiva táctica.

2. Camino a la transformación.

3. Sentido trascendental.

Para facilitar la comprensión hablaremos en términos espirituales simples y comentaremos dichos puntos de vista por medio de preguntas y respuestas.

1. Perspectiva táctica

A) *¿Cómo se hace para descubrir y entender el modelo espiritual por medio de la ejecución de las actividades en los círculos mencionados en el capítulo anterior?*

Los pasos del modelo espiritual son relativamente sencillos, pero cada uno de ellos requiere de varias actividades que la persona debe efectuar por sí sola, en una relación binaria de pareja o con el individuo en conjunto para la sociedad misma. Hay un dicho común que dice que cuando el alumno está listo, aparecerá el maestro. El proceso puede comenzar simplemente con la lectura de un libro sobre temas espirituales (puede ser este mismo libro que estás leyendo ahora) que despierte la curiosidad de la persona, es decir, que su «punto en el corazón» se active o siga activado. De ahí el lector, y con la asistencia del líder y/o sus compañeros de equipo, podrá comenzar a buscar más textos sobre el tema, para poco a poco encontrar respuestas a sus deseos y necesidades espirituales.

Así como en los sistemas físicos y fisiológicos presentes en el cuerpo humano, la persona tiene que alimentar y mantener su sistema espiritual en forma correcta.

Cuando la persona está imbuida conscientemente y aprendiendo el manejo de su sistema espiritual, la energía que se desprende de ella es la de atraer a más individuos que están atravesando por estados similares o complementarios, que la ayudarán en el entendimiento y la práctica de la realidad espiritual en su vida, hasta llegar a ser influyente sobre los demás.

B) ¿Quién debe ser mi líder o maestro?

El medioambiente espiritual para el desarrollo del individuo debe estar integrado por un maestro o líder, un círculo de compañeros espirituales, libros y el estudio. La elección de nuestro ambiente, insistimos, es fundamental y de suma importancia para el crecimiento espiritual. La vida diaria del individuo deberá estar enmarcada en un ambiente espiritual positivo, complementado por actos de bondad para con el prójimo.

El maestro y líder es aquel que por medio de la utilización de los recursos primarios dentro de cada persona, le enseñe a dominar la capacidad de amor y de entrega. El maestro es la persona que nos ayudará a introducir el conocimiento de la espiritualidad. En el momento de escoger a nuestro líder debemos estar atentos y aprender a escuchar los deseos de nuestro corazón. Cuando somos conscientes de nuestra realidad y estamos presentes en ella, el corazón se expresa con claridad. Nadie debe interferir o influir en nuestra decisión.

El alumno debe ser capaz de unirse al maestro, al igual que un embrión se adhiere a la madre; si no ocurre esta adhesión, no habrá posibilidades de avanzar y será mejor que el alumno se consiga otro maestro.

El estudiante debe ser cumplidor y entregarse con dedicación a su estudio. Aunque sea muy inteligente y posea gran capacidad, si no se aplica en sus estudios, es negligente o no sigue al detalle el espíritu del maestro, le será demasiado difícil llegar a una realización espiritual.

Y si realmente queremos avanzar espiritualmente, la mejor forma es confiar en nosotros mismos; debemos elegir la fuente de conocimiento por nuestra propia cuenta. Todos debemos seleccionar de forma independiente y sin presiones al maestro o líder espiritual que responda nuestras preguntas, satisfaga nuestras expectativas y, obviamente, que esté capacitado para guiarnos por el camino del crecimiento espiritual.

Una vez escogido el líder o maestro, tenemos la obligación de recibir solo su instrucción espiritual y no atender a nadie más. Después de todo, nos vamos a desarrollar espiritualmente, y es contraproducente que la persona escuche doctrinas contrarias durante su crecimiento espiritual.

C) *¿Existe alguna táctica a seguir para cumplir en forma específica las actividades interpersonales del modelo espiritual?*

La mayoría de las relaciones interpersonales consisten, básicamente, en una interrelación a nivel intelectual, social, económico y, a veces, emocional.

Usualmente, lo que existe es una interacción entre dos mentes sin que haya una comunión o una comunicación a nivel espiritual entre ellas. Este tipo de interacción genera conflictos en las relaciones. Cuando la mente e intelecto nos dominan, los problemas no se hacen esperar.

Cuando somos conscientes de nuestro cuerpo y mente, sin influencias de sentimientos pasados ni expectativas futuras, con una mente «limpia» y presente del momento que se vive, es entonces cuando nuestras relaciones interpersonales en proyectos espirituales pueden dar fruto.

D) *¿Cómo escoger un equipo de compañeros espirituales, una pareja espiritual o un amigo del alma?*

No hay reglas predeterminadas para escoger un equipo de compañeros espirituales o amigo espiritual. Esto varía de cultura en cultura, de país en país, según la mentalidad y costumbres del lugar. Varía según el estatus social y económico, el género, educación, formación y el nivel de igualdad en la sociedad en la que viven. Solo hombres, solo mujeres o mixto y otros factores pueden influir en tal elección.

A veces hay que ejercer prácticas psicológicas con expertos que rápidamente identifiquen los distintos tipos de personas para que se clasifiquen y dividan en grupos compatibles.

Lo principal al escoger al amigo o pareja espiritual es que ya tenga conciencia de su «punto en el corazón» o que esté próximo a su manifestación y a su reconocimiento. Al ser conscientes de nuestro presente podremos visualizar claramente la unión con nuestra pareja, de manera que cada actividad emprendida nos mantenga y eleve constantemente nuestro nivel espiritual. Así, con cada paso y evento compartido, la relación espiritual se va refinando, como quien ajusta la resolución en unos binoculares de manera que se dirijan hacia una sola realidad espiritual, compartiendo la vivencia en forma conjunta. Es importante puntualizar que cuando ya hay una pareja espiritual establecida, no es necesario estar físicamente reunidos todo el tiempo. El proyecto espiritual mutuo existe y se desarrolla cuando se está trabajando por él aunque las personas no estén juntas físicamente. Lo mismo se puede afirmar cuando las personas están comunicadas por teléfono, Internet, concurrencias simultáneas en redes sociales o por aplicaciones en el teléfono móvil en tiempo real.

Cuando las personas se encuentran dentro de una colectividad espiritual, es importante enfatizar que el estudio en conjunto –maestro y estudiantes– debe realizarse en un lugar específico. Tal como un embrión se encuentra aislado dentro del vientre de la madre, el alma de una persona en crecimiento y desarrollo espiritual necesita ser protegida y resguardada. Debemos estar rodeados de amor, atención y cuidados, como un bebé. Se debe propiciar una atmósfera saludable a nuestro alrededor.

Mientras los estudiantes no hayan alcanzado aún alguna revelación del sistema espiritual, no tendrán muy claro qué está ocurriendo. Se sienten transportados de un lado a otro, de un estado a otro, frágiles de conocimientos, con teorías y conceptos nuevos de un sistema espiritual dentro de ellos. Durante el proceso de "construcción" estamos expuestos a estados inestables y, a veces, etéreos. Podemos comparar estas sensaciones con el Arca de Noé, en la cual Noé, su familia y todos los animales vivieron aislados un año completo, hasta que el agua bajó, el arca encalló en el monte Ararat y salieron a tierra firme.

Por lo tanto, no debemos exponernos a factores externos, a excepción del líder y de nuestra comunidad espiritual.

E) *¿Existen métodos o estrategias que podamos poner en práctica con base en el modelo espiritual, para manejar el presente en forma correcta, conscientes y con presencia, viviendo en forma óptima el ahora?*

Llegar al estado de conciencia y estar enfocado en el ahora es estar consciente de uno mismo, de nuestra existencia y de las necesidades del prójimo.

Existen varios métodos para manejar nuestro ego y que no se haga con el control de nuestra mente. Ante la mínima posibilidad de que esto suceda hay que superar de inmediato este peligro, pues se corre el riesgo de caer en la depresión y que esta, por causa de nuestra mente y de nuestro ego, produzca nuestro hundimiento y destrucción.

Los métodos usados para llegar y mantenernos en un estado de presencia, varían y dependen de lo que le funciona o de lo que le resulte más cómodo a cada individuo.

2. Camino a la transformación

A) *Al seguir las actividades del modelo espiritual, ¿existe alguna transformación del individuo o del grupo al descubrir su sistema espiritual?*

Los pasos y actividades sí influyen en el comportamiento que el individuo adopta, por sí solo, en pareja o en equipo. Cada uno de nosotros posee su propia visión del mundo que habita. Lo percibimos cada vez de manera distinta, y a medida que cambian nuestros atributos y características de percepción espiritual, reconocemos que la transformación personal es necesaria y no que es el mundo el que requiere el cambio.

La fuerza espiritual que se recibe al lograr la unidad del equipo de personas en un proyecto espiritual nos da el recurso y el alcance de aportar la corrección al mundo. No hay fuerza mayor ni más potente que la fuerza de la unidad espiritual.

B) ¿Cómo podemos inspirar y motivar al prójimo?
Básicamente, tenemos que aceptarnos a nosotros mismos tal como somos. Cualesquiera de nuestras cualidades (ambición, pereza, amabilidad, simpatía, etc.) serán ejercidas para el bien una vez que nuestra conexión con el prójimo, la mutua comprensión y garantía y la interdependencia sean recibidas e internalizadas.

Todos nuestros deseos o características –por ejemplo, conseguir algo, envidiar a alguien, ser esmerado u holgazán, jugar limpio o ser tramposo– son impulsos internos que están latentes en nosotros y son parte integral de nuestra textura personal. Corregirlos o criticarlos no ayuda para nada, pues aunque sean manipulados y puestos de lado temporalmente, al final saldrán de nuevo a la superficie. Pero con la sola intención y entusiasmo de cumplir un proyecto espiritual y acercarse uno al otro, de unirse y de estar en armonía interna y coordinados dentro del equipo, las características o cualidades de cada uno se van acoplando a medida que el grupo crece espiritualmente. Muchos de nuestros deseos, al unirse a los deseos del conjunto, se acomodan de forma que las cualidades de más importancia para el proyecto espiritual y de beneficio para toda la agrupación son atendidas con prioridad.

El hecho de que el Kli de la colectividad pueda ahora atender necesidades que antes cada persona por sí sola no podía ni siquiera considerar, es fuente de motivación e inspiración para todos.

C) *¿Cómo saber que nuestra espiritualidad está activa, progresando y llegando a niveles de influencia cada vez más intensos?*

Crecer espiritualmente es incrementar nuestra sensibilidad y la interna identificación de nuestros deseos. El sistema espiritual se mide por su calidad e intensidad, no por su cantidad. Es decir, al progresar hacia un nivel de espiritualidad más intenso, todas las experiencias son más agudas y refinadas.

No nos volvemos más fuertes o insensibles, al contrario, disfrutamos de una observación más penetrante, de un mayor detalle en el escrutinio y de más sensibilidad a las cosas. Asimismo, cuando anteriormente no sentíamos nada, ahora comenzamos a percibir nuevas cualidades y sucesos que no esperábamos y que se nos pasaban de largo sin enfocarnos en ellos, sin detallarlos, ni entenderlos, ni obteniendo provecho alguno. Llegamos a la sensación del ¡oh! y del ¡ajá! a la emoción de sentir estupefacción ante un suceso.

La idea es que mediante el avance del conocimiento del sistema espiritual seamos capaces de profundizar dentro de nosotros mismos en forma continuada, para reconocer y simplificar cada vez más nuestras cualidades interiores, y analizar más detalladamente el mundo que nos rodea.

El Kli de cada una de las personas que progresa en la espiritualidad se expande y comienza a revelar nuevas cosas y sensibilidades del mundo que nos rodea. Parte del Kli de la persona se va entrelazando con los Kelim de los integrantes del equipo espiritual, para así incluir cada vez a más personas –aunque estas no pertenezcan todavía al grupo–, hasta cubrir toda nuestra realidad. De esta forma, logramos influenciarnos mutuamente de cada persona y de cada uno de sus mundos, hasta crear un sistema de mundos externos interconectados dentro de una red interna de almas que se pueden comportar como una sola, más grande y poderosa.

D) *¿El amor en la relación espiritual nos ayuda a transformar el sentido y significado de nuestras relaciones íntimas de pareja?*

En una conexión espiritual, la relación íntima y sexual entre dos personas se convierte en la expresión fisiológica de esta armonía. Si esta no existe, no hay ningún incentivo o motivo para una conexión física; tan solo se trata de una atracción hormonal o meramente carnal.

Entonces ¿por qué cuando hay amor entre una pareja nos sentimos felices? ¿Qué es lo que recibimos que nos hace sonreír? La realidad es que no recibimos nada, sino que, por el contrario, nos hace felices el poder amar y dar al otro.

La raíz espiritual del sexo es la identificación del alma con la esencia del Creador. Esta es la meta final de la naturaleza. El sexo, máximo placer físico en este mundo, es la raíz de todos nuestros deseos. Todos deseamos llegar a esta unión física, porque, a su vez, fuimos creados por una cópula de nuestros padres. En el mundo espiritual el sexo representa una unión de deseos opuestos, con la mutua intención de agradar físicamente uno al otro.

La sensación y el placer generado por nuestra conexión sexual-espiritual juntas es la única en la que encontraremos un placer verdadero y perdurable en el tiempo y que transforma a la pareja.

La sola relación sexual no tiene memoria, es decir, una vez terminado el acto sexual, no podemos describir ni recordar cómo fue esa sensación, sino hasta la próxima vez que la tengamos. Lo único que queda es la conexión espiritual de la pareja.

E) *¿El contacto con los textos sagrados nos ayuda a transformarnos en personas con una alta sensibilidad espiritual?*

Leer los textos sagrados afina la percepción del mundo espiritual del individuo. Estos textos, por lo general, son imposibles de ser internalizados a través de la mente. Solo pueden ser comprendidos e implementados mediante la corrección del alma. Los comentarios escritos por sabios cabalísticos ayudan al estudiante a descubrir lo escrito en ellos y a atraer la Luz espiritual.

Paradójicamente, es imposible conocer el mundo espiritual hasta que no seamos capaces de percibirlo y entenderlo dentro de nuestras almas. En el fondo, el estudio es un medio para entender cómo está construido dentro de nosotros el mundo espiritual, cómo opera nuestro Kli y la Luz dentro de él, o cómo la Luz "viste" al Kli.

Al estudiar los textos sagrados recibimos la Luz espiritual que nos ayuda a la reforma y corrección de nuestra alma. Una vez recibida la Luz e iniciado el descubrimiento de los eventos de los que habla el libro del *Zohar*, el alma misma de la persona comenzará a enseñarnos y a guiarnos.

F) *¿Son el estudio del sistema espiritual y la práctica de la garantía mutua las que nos ayudarán a sobrevivir y a transformar el mundo actual?*

La globalización, Internet, el móvil y los otros avances tecnológicos, enmarcados en el sistema capitalista, están llevando a que el mundo sea controlado por compañías o entidades supranacionales agrupadas en cárteles o corporaciones con poder económico según el área o industria de su especialización (por ejemplo, las compañías financieras, las que controlan los alimentos, los combustibles, etcétera). Los estados y naciones se muestran incapaces para ofrecer soluciones integrales y servicios básicos a sus pueblos y ciudadanos en el siglo XXI. Los pueblos manifiestan su descontento ante tamaña ineficiencia. Hay síntomas claros de que el Estado, en su concepción actual, está desapareciendo, y se comienza a ver la composición de un Estado supranacional de bordes inexistentes o cambiantes y variables.

El constante crecimiento del ego de toda la humanidad continúa separándonos, fragmentándonos, desintegrando a la sociedad y convirtiendo a cada uno de nosotros en entidades independientes capaces de vivir en cualquier parte del globo, sin la necesidad de pertenecer a ninguna sociedad, comunidad o país, o, en su defecto, perteneciendo a todas al mismo tiempo.

La supervivencia de las personas ante esta invasión cultural, social, virtual, que atenta contra la identidad y el Estado, solo se puede contrarrestar por medio de la práctica de la mutua garantía entre las personas que, a su vez, nos llevará al conocimiento y al progreso del sistema espiritual. Al pertenecer a una comunidad global unificada cuyo mínimo común denominador es el «punto en el corazón» de cada uno de sus integrantes, podremos transformar la sociedad mundial.

G) *¿Los rezos y la meditación nos ayudan en nuestro avance espiritual?*

Rezar significa revelar al Creador dentro de nosotros, el atributo de entrega e influencia infinita que llevamos dentro. La Cabalá explica que la oración es una petición para ser corregidos, pues solos no podemos hacerlo.

Al rezar estamos reclamando la Luz que nos corrija todo lo necesario para poder recibir lo deseado. El nivel de avance espiritual de la persona influye en la efectividad de la plegaria.

Rabí Yehuda Ashlag dice que al rezar en forma constante y al ver desesperadamente que no hay respuesta a nuestras plegarias, nos aproxima a un estado de felicidad, pues después de tanto orar y suplicar, habremos llegado por fin a ser dignos merecedores de comenzar a pedir con sinceridad la ayuda del Creador.

Cabe agregar que las plegarias egoístas no atraen la Luz espiritual; tan solo tienen un cierto efecto psicológico en la persona que reza.

Los textos de los rezos provienen de los libros sagrados. Estos rezos han sido escritos en libros de oraciones instituidos por sabios. El rezar es acercarnos a la esencia del Creador, aunque no entendamos lo que está escrito. El resultado del rezo o de dicha lectura depende únicamente del lector, no del texto ni de su autor.

En cuanto a la meditación, es un método de análisis interno sobre la observación de nuestras características e intenciones. Existen muchos enfoques, estilos, escuelas y orientaciones sobre la forma de meditar. En muchas religiones la meditación emplea letras, frases o imágenes, y está relacionada con la intención de relajarse y de mantener el equilibrio emocional u otras metas en el marco psicológico.

La necesidad de sentir el universo dentro de nosotros ha creado métodos de meditación que llevan a que se pueda "salir" de la materia física y elevarse por encima de ella, es decir, que se experimenta una sensación extracorpórea.

El tema de la meditación y la oración es para ser tratado con más profundidad en un texto aparte.

H) *¿Qué beneficios de transformación nos provee el equipo espiritual?*

Primero, el hecho de entrar a una colectividad espiritual ofrece la oportunidad de comenzar nuevas amistades en el mundo de la espiritualidad.

Al estudiar y discutir sobre el tema, la Luz espiritual influye en cada una de las personas de la agrupación y contrarresta la naturaleza egoísta de cada uno. Durante la conexión entre las personas que ya tienen sus «puntos en el corazón» despiertos, comienza a aflorar la Luz de corrección en cada una de sus almas. Entonces, al estar presentes y conscientes en las varias actividades de su equipo, comienzan a distinguir su propio adelanto y la Luz espiritual que fluye dentro de ellas.

Es importante aclarar que la Luz está en todas partes todo el tiempo. El conjunto espiritual –que es ahora un Kli receptor– empieza a distinguir, a ser consciente, a ser sensible a la Luz espiritual, y que antes de esta unión espiritual no se sentía ni tampoco se era consciente de ella. La Luz espiritual es constante. Solo tenemos que desear recibirla.

Al ser parte integral de una sociedad de inclinación espiritual, cada uno de sus miembros recibe la fuerza unificada de todo el conjunto, que representa la fuerza del alma común de todos ellos. Esto significa que la aspiración de cada persona se transforma en un mayor deseo de la Luz que la que tiene el individuo por sí solo. Además, el estar en equipo representa también una defensa contra influencias del mundo externo, las que son resistidas con mayor facilidad.

3. Sentido trascendental

A) *¿Cómo lograr mejorar nuestro mundo, con base en nuestra conciencia espiritual y conciencia de grupo?*

El estudio del libro del *Zohar* y de otros textos sagrados de Cabalá, nos proporciona las fórmulas y técnicas para vivir en abundancia, paz, salud y felicidad. La alianza entre las personas que actúan con un deseo espiritual común puede lograr este propósito.

Esta alianza no es para conectar los cuerpos, pensamientos y palabras, sino para el conocimiento del sistema espiritual de la gente, que, a su vez, nos encaminará hacia una sociedad humana verdadera, construida por y para un bien común, el proyecto espiritual, que es más grande que todos sus integrantes y está por encima de nosotros.

Podemos fácilmente ver que la naturaleza en sus niveles mineral, vegetal y animal está integrada en un sistema balanceado y perfecto, y el único componente necesario para mantener este equilibrio general y total es el ser humano, la persona, que, por el momento, está ausente y que, por el contrario, atenta contra la naturaleza y el medioambiente cada vez más.

Cuando nuestra unidad espiritual esté articulada, encontraremos una perfecta y bella armonía en todos los niveles de la naturaleza. Esta es la etapa final de nuestra evolución en las actuales condiciones del mundo.

El camino espiritual de la humanidad hoy, y por el momento, es: nacer, crecer, multiplicarnos y morir, generación tras generación, hasta que podamos construir firmemente el deseo común espiritual comunitario y que algún día será uno solo el que acoja todos nuestros deseos.

B) *¿Cómo servirle mejor a la sociedad a nivel de individuo y a nivel de colectividad?*

Todo comienza desde niños. La educación es fundamental para el desarrollo del individuo y su aporte a la sociedad. Los niños, desde que van al jardín y después al colegio, deberían comenzar a ser parte de una sociedad basada sobre una enseñanza adecuada a su sistema espiritual para cada niño y su comunidad espiritual.

Desde la niñez se les debe enseñar a los niños a apreciar la vida, también a un nivel más abstracto. Hacerles tomar conciencia de que en el mundo hay mucho más de lo que vemos, tocamos, olemos, gustamos y oímos. Por medio de juegos y ejemplos podemos ayudarles fácilmente a identificar las causas y fuerzas veladas que dominan la realidad y forman parte del sistema espiritual. Cuando el niño entiende los fundamentos básicos de dar, ayudar, apoyar, colaborar y amar, asimismo gozará y apreciará el saber vivir en paz y en armonía con el medioambiente, adaptándose al equilibrio universal a pesar de su naturaleza egoísta.

Como ya vimos en páginas anteriores, vivir en una sociedad de garantía mutua es servirla sobre las firmes bases de un modelo espiritual colectivo afín con sus valores fundamentales.

C) *¿Cómo forjar en nuestros hijos a actuar con alta moral y ética, de modo tal que obtengan una mayor satisfacción y mejores resultados en cualquier actividad?*

Como dice la Cabalá, la educación es independiente de la edad, no tiene principio ni tiene fin. La educación es idéntica tanto para nosotros, los adultos, como para nuestros hijos. La diferencia es que para los niños utilizamos herramientas acordes con su nivel de asimilación mental y emocional. Nosotros, los adultos, también podemos aprender junto con ellos y a través de ellos.

La educación es el camino a seguir de cada persona desde que es un bebé hasta su senectud. Como padres nos gustaría inculcarles a nuestros hijos valores que los guíen hacia el buen camino, que sean exitosos en todo y aporten un buen servicio a su comunidad y país. La educación debe facilitarle al joven el descubrimiento de las causas por las que se rigen el mundo y la vida.

Asegurarles un mejor futuro a nuestros hijos es educarlos en un ambiente saludable, compartiendo un equipo espiritual y con el propósito de vivir en armonía con el medioambiente, el amor a la creación y a todas sus expresiones, y la entrega desinteresada al prójimo. Nunca olvidemos que tanto el niño como el adulto son producto de su medioambiente socioeconómico, cultural y físico.

A los niños hay que tratarlos con respeto a sus propias vidas, con altura e importancia, siempre con la verdad, respondiéndoles cada una de sus preguntas y atendiendo sus sugerencias, siendo cuidadosos y considerados, aconsejándoles de forma honesta y acercándonos a ellos como amigos.

D) *Teniendo en cuenta la precaria situación actual de la economía global, de un medioambiente climático irreparable y de un frágil ecosistema en constante deterioro, ¿cómo se puede trascender la mejora de nuestro planeta por medio del estudio y conocimiento del sistema espiritual?*

El capitalismo de Occidente está basado en un crecimiento perpetuo de la economía. Si no hay crecimiento, no hay estabilidad en el sistema capitalista. Con este modelo económico de crecimiento y desarrollo estamos muy lejos de suplir las mínimas necesidades de la población mundial. El sistema ha producido los problemas actuales. Tanto en los países occidentales como en la mayoría de los de América Latina, África y Asia hay millones de personas sin empleo, subempleados, sin hogar, desplazados, además de cientos de quiebras diarias de empresas que no alcanzaron el "crecimiento" y son absorbidas por conglomerados económicos privados que, agrupados en cárteles, son defendidos por políticos en pánico por su imposibilidad, impotencia e ineptitud en el manejo de la crisis global.

No queremos entrar en la discusión sobre el sistema capitalista ni tampoco de cómo lo podemos mejorar. Tampoco se trata de reemplazarlo, pues su base, la libre empresa, en muchos de sus aspectos es positiva y necesaria para el desarrollo de la sociedad actual. La libre empresa y la creatividad son naturales al hombre. La libre empresa, fundada sobre un proyecto espiritual positivo, daría como resultado un beneficio para la humanidad. En lo que sí podemos ayudar es en corregir los estragos y aberraciones del sistema capitalista mediante proyectos espirituales de amplia envergadura y alcance, para poco a poco llegar al mínimo requerido para vivir con honor, salud y decencia, satisfechos con el presente.

Lo positivo de la inestable situación mundial –porque no hay mal que por bien no venga, y como ya dijimos varias veces que en todo hay algo positivo– es que la desesperación y la disconformidad de la gente nos llevará a redefinir, tarde o temprano, una nueva organización socioeconómica para toda la gente del planeta.

El ecosistema no depende directamente de nosotros, pero el sistema económico sí depende de nosotros, y este, a su vez, influye directamente en el ecosistema. Es imprescindible un cambio socioeconómico, tanto en el nivel local como en el global, y transformar nuestras intenciones de «recibir para mí mismo» en «dar de mí al prójimo».

La única forma posible es separar, entender y manejar nuestra naturaleza egoísta y darle cabida a una cualidad opuesta, la Luz espiritual, que nos convertirá en benefactores, otorgadores, contribuyentes, asistentes, consejeros e influyentes, de forma soberana.

Participar y realizar proyectos espirituales nos ayuda a suplir nuestros deseos de influencia, pero cada proyecto tiene que cumplir con normas y límites que contribuyan a mejorar el ecosistema, sin empeorar lo presente, desde luego.

El mayor desafío social, comunitario y mundial es la concientización de las autoridades, que, a su vez, defienden a muerte el *statu quo* y no les interesa un cambio de mentalidad. Hay muchas razones que explican dicho comportamiento, porque es contrario a su definición capitalista. El sistema actual, incluyendo la banca, la industria, los seguros, los conglomerados empresariales, los políticos y los gobiernos, continúan inyectando trillones de dólares y endeudando al pueblo hasta la coronilla para mantener la inercia gubernamental y para, obviamente, que no se hable de crisis.

La situación de las personas es comparable con una situación de sofisticada esclavitud e impotencia, la cual se mantiene y propaga por medio del consumo de artículos innecesarios, cuya presión por comprar el último modelo de automóvil o estar a la moda es permanente y agobiante. Si creemos que estamos trabajando para mantener a nuestras familias, nos equivocamos de raíz: trabajamos para mantener el sistema consumidor de voracidad permanente.

La solución es una economía en la que el consumo sea razonable y provea las necesidades básicas para vivir, como los alimentos, la vivienda, la seguridad social, los servicios de salud, el trabajo, el esparcimiento y la educación formal y espiritual en forma sensata y acertada para todos.

Un nuevo acuerdo socioeconómico y cultural conllevará una época de transición en la cual todos deberemos hacer énfasis en una nueva visión de características espirituales. Las autoridades deberán demostrar su clara voluntad y convicción de cambio y así comenzar activamente a implementarlo en todos los niveles. Mientras esto no suceda, deberemos tolerar el sistema actual y colaborar con las autoridades para evitar el desmoronamiento total del sistema y evitar situaciones caóticas, hasta que la nueva

sociedad y sistema social-espiritual comience a funcionar.
Este tema es muy amplio y amerita extenderlo en otro foro.

> E) *¿Conocer el sistema espiritual nos influye para*
> *trascender de nivel a nivel hasta obtener la influencia*
> *de la esencia del Creador?*

El conocimiento del sistema espiritual sí nos influye en forma
positiva y progresiva cada vez más en todos y en cada uno de
los campos y elementos espirituales: nosotros como
individuos y como grupo.

Al avanzar de nivel en nivel, nuestra influencia hacia el
equipo y del equipo hacia nosotros crece en forma
exponencial y en proporción similar a la recepción de la Luz
espiritual en nuestro Kli. El Creador, raíz de nuestra alma y
cuya esencia es parte intrínseca de nuestro ADN espiritual, se
evidencia cada vez más clara e intensamente en todas
nuestras relaciones y conexiones con nuestra pareja, familia
y sociedad.

> F) *¿Cuál es nuestra obligación en relación al mundo en que*
> *vivimos?*

Todas las almas están unidas en un solo sistema espiritual, en
un alma general universal. Mediante el estudio de los temas
espirituales, creamos energía positiva en el cosmos,
influenciando a todo el universo. Así, con la sola unión en

grupos e intragrupos, se puede impulsar el mundo hacia un cambio, y cuando establezcamos entre nosotros un sistema correcto de relaciones espirituales, bajo parámetros comunes, este influirá sobre el mundo en que vivimos. Este trabajo es nuestra prioridad y responsabilidad que, con la ayuda del Creador, se establecerá muy pronto. Amén.

Tras comenzar a vivir en mutua garantía, sentiremos un grado de armonía en forma integral cada vez más perfecta. Cada uno de nosotros adquirirá el derecho a conectarse a un nivel mayor, uno de existencia más intensa y de mejor calidad. Entonces llegaremos a un estado en el que no simplemente habitaremos en un cuerpo biológico, sino que, además, viviremos y sentiremos las emociones y la mente del grado humano.

De esta manera, obtendremos de la realidad una percepción superior, eterna y perfecta, ascendiendo al nivel en el que todo es mucho más elevado que en el nivel de animación que vivimos.

En ocasiones, el mundo fluye gradualmente y cambia de forma espiritual para ser conscientes de este cambio de percepción del mundo. En el estudio y la práctica del modelo espiritual propuesto, repentinamente nos concientizamos y nos volvemos más perspicaces y alertas. Entendemos con más intensidad algunas cosas que antes no habíamos logrado entender y en cada uno de nosotros trasciende una elevación de conciencia. Este estado se estimula con la noción de la unidad y el ser conscientes de la necesidad del cambio. La Luz espiritual de la reforma y la corrección es entonces activada en cada persona. No es el saber mundano lo que se desarrolla, sino la presencia de la Luz espiritual y su armónica unión con el Kli universal. Este es el camino que debemos abrir a la humanidad con nuestra unión.

Ejemplos de proyectos espirituales

A continuación traemos algunos ejemplos de proyectos espirituales.

A nivel privado podemos citar los siguientes:

- Ayuda a personas de la tercera edad, a minusválidos o con retos sociales, intelectuales o emocionales.
- Apoyo económico a estudiantes de limitados recursos.
- Consultoría en negocios a beneficio de grupos minoritarios.
- Ayuda económica a personas con escasos recursos o a las que por sus limitados ingresos no les alcanza para satisfacer sus necesidades mínimas de supervivencia.

- Préstamos de dinero sin ánimo de lucro para ayudar a comenzar un negocio que saque a alguien del ciclo de pobreza en que se encuentra.
- Organización de ruedas juveniles para la educación extracurricular y apoyo logístico y económico en su realización.
- Crear empleo para gente que por alguna razón le cuesta encontrar un trabajo bien remunerado con el que solventar sus gastos mínimos de sobrevivencia.
- Voluntarios organizados que con una sola llamada o un clic en una aplicación del móvil acuden de inmediato a ayudarnos a solucionar cualquier problema mecánico de nuestro automóvil, sin costo alguno y con la felicidad de poder asistirnos. Este tipo de organización ya existe en Israel.

A nivel comunitario enumeramos los siguientes ejemplos:

- Construcción de inmuebles para beneficio público de servicio gratuito por parte de asociaciones como bibliotecas, hospitales, complejos deportivos, salones sociales, parques y lugares de recreación pública.
- Ayuda en la adaptación social a familias de inmigrantes, refugiados o desplazados.

195

A nivel social:

- Terapias por parte de psicólogos o trabajadores sociales a comunidades y personas inmersas en cualquier tipo de crisis.

- Sociedades sin ánimo de lucro para apoyo socioeconómico a personas con determinadas necesidades o limitaciones físicas.

- Educación postsecundaria y complementaria al público adulto sobre proyectos espirituales de beneficio común.

- Esparcimiento y vida social a bajo costo en beneficio de las personas del lugar.

- Fomento y estímulos económicos para el desarrollo e investigación en áreas de beneficio social.

- Formación sobre cómo conducirse en los negocios bajo parámetros éticos y de respeto al medioambiente, al individuo y a la sociedad.

A nivel nacional y gubernamental:

- Leyes de beneficio social: educación y salud gratuitas de calidad para personas con bajos ingresos.

- Promoción de programas que eleven el bienestar de las personas.

- Eliminación al máximo de la burocracia administrativa tanto del Estado como de corporaciones autónomas que influyen en nuestro diario vivir.
- Humanización del trato a la gente por parte de entidades burocráticas. Servir al público con amor y por el bien del usuario o cliente de cualquier servicio.
- Leyes para la conservación del ecosistema y balance ecológico local y mundial de los recursos del entorno (aire puro, ríos no contaminados, agua potable, tierra no polucionada, sonidos con decibeles que no perjudiquen la audición, etcétera.)
- Educación y promoción de temas de salud, alimentación y del sistema espiritual.
- Completa y real financiación a familias sin vivienda propia, sin intereses ni comisiones que multipliquen el valor original del inmueble y a costos asequibles dirigidos a personas de limitados ingresos o sin ellos.
- Control real de precios en los sectores de vivienda, alimentación, servicios y educación primaria, secundaria y universitaria.
- Trato correcto para con los animales y adecuada administración de los recursos naturales.

A nivel mundial:

- Erradicación de enfermedades como malaria, ébola, HIV y otras pestes o virus de impacto mundial.

- Absorción de refugiados, apoyo socioeconómico y de salud a personas desplazadas por razones políticas, económicas, por guerras, persecuciones y desastres naturales.

- Leyes universales anticontaminación y severas sanciones a nivel mundial a compañías y países que generen polución al medioambiente. Imposición de multas directamente proporcionales al valor de los gastos de salud y de seguros de las personas directamente afectadas por el envenenamiento del aire, agua y otros recursos naturales.

Agradecimientos

Confieso que me siento bienaventurado al haberme encontrado durante mi camino con cientos de personas, amigos y conocidos de los que aprendí muchas lecciones de la vida, incluido su punto de vista espiritual. Es casi imposible mencionar a tantas personas por sus nombres, pero no quiero dejar de mencionar a mis padres, maestros, compañeros de colegio, familiares, amigos, colegas, jefes, rabinos, eruditos y muchos otros que me ofrecieron su generosa atención. A todos ellos les agradezco desde el fondo de mi corazón.

Son muchas las personas a las que les debo gratitud. Acá solo nombraré a algunos de mis más recientes maestros que sobresalen por su dedicación, paciencia y devoción al estudiar el *Zohar* y los secretos de la Cabalá: Rabino Rafael Granot y a Jaim Beker.

También agradezco por sus valiosos comentarios a mi hermano Dr. Isaac Aizenman, a mi mujer, Avital (Tali), a mi hija, Rivka, a mi amigo Ralph Resnik y al editor Alberto Yriart.

Bibliografía

Aunque hay muchos manuscritos y literatura que leí y estudié, hubo un variado sinnúmero de clases, conferencias y seminarios que durante muchos años atendí. Solo citaré las principales fuentes para la realización de este libro:

- *Introducción al libro el Zohar*, por Rabí Yehuda Haleví Ashlag, el Baal Hasulam
- *Prefacio al libro el Zohar*, por el Baal Hasulam
- *El Zohar*, por Rabí Simón Bar Yohai (con explicaciones del Baal Hasulam)
- *Cabalá para el estudiante*, por el Dr. Michael Laitman
- *Anatomía del alma del Rabí Najman de Breslov*, por Jaim Kramer
- *El poder del ahora*, por Eckhart Tolle
- *Introducción al estudio de las diez sefirot,* por el Baal Hasulam
- *Apertura al conocimiento de la Cabalá*, por el Baal Hasulam
- *Talmud de las diez sefirot*, por el Baal Hasulam
- *Meditación y Cabalá,* por Aryeh Kaplan

Glosario de términos

<u>ADN espiritual</u> – el portador de la información espiritual genética de cada individuo. El ADN espiritual es también responsable de su transmisión y trascendencia

<u>Aliá</u> – subida, ascenso espiritual

<u>Alma</u> - parte espiritual de la persona, energía, fuerza o deseo dirigido hacia la espiritualidad; aliento del deseo, en hebreo: neshamá

<u>Alma universal</u> – alma de toda la humanidad, alma del primer hombre Adán

<u>Altruismo</u> – conducta de hacer algo con el fin de que otra persona obtenga una satisfacción directa

<u>Arvút</u> – garantía mutua

<u>Beshert</u> – almas gemelas

<u>Biná</u> - entendimiento

<u>Bushá</u> – vergüenza, pena

<u>Creador</u> – fuente universal de la Luz espiritual, uno, único e inmutable y no hay otro fuera de Él; en hebreo: Boreh

Creación – proceso que usó el Creador para crear el mundo espiritual y material

Daat - conocimiento

Dinim – plural de din, impedimentos, juicios, leyes, edictos

Ego – deseo de sentir placer o satisfacción con sentido de identidad personal

Ego integral – ego común de la humanidad

Espiritualidad – expresión de la parte «divina» dentro de nosotros que actúa como influencia hacia otra persona o personas en condiciones recíprocas de mutua soberanía

Ex nihilo – algo que es creado de la nada

Gevurá - juicio

Guf – cuerpo, ámbito del deseo

Heijal – recinto, ámbito del deseo

Hod - esplendor

Infinito – primer paso antes de la Creación

Jayá – esencia, alma viviente

Jésed - bondad

Jojmá - sabiduría

Keter - corona

Kelim - plural de Kli

Kli – recipiente, vaso, vasija, cuerpo receptor y de almacenamiento de la Luz espiritual

Kli universal – el Kli colectivo de todas las personas en el globo terrestre

Levush – vestimenta, ámbito del deseo

Luz espiritual – fuerza o energía intangible que llega al mundo y la humanidad

Maljut – reino

Milúi – lleno, colmado

Mitzva – singular de la palabra mitzvot

Mitzvot – actos de bondad

Nájat rúaj – elaboración y otorgamiento de placer y orgullo

Néfesh – alma residente

Neshamá – alma divina, aliento, ámbito del deseo

Netzaj - victoria

<u>Ocultamiento doble</u> – no estar conscientes de no poseer las herramientas para descubrir al Creador

<u>Ocultamiento simple</u> – estar conscientes de no poseer las herramientas para descubrir al Creador

<u>Punto en el corazón</u> – deseo de espiritualidad

<u>Raíz</u> – ámbito del deseo, en hebreo: shoresh

<u>Rajamim</u> – merced, misericordia

<u>Reshimó</u> – impreso de Luz espiritual que está grabado en el Kli, ADN espiritual

<u>Rúaj</u> - espíritu

<u>Sagradas Escrituras</u> – Tanaj, Mishná, Talmud, Zohar, Eclesiastés, Proverbios, Libro de las Lamentaciones, Salmos, etc.

<u>Sefirot</u> – emanaciones, brillos o atributos de la Luz espiritual

<u>Shabat</u> – sábado en español, séptimo día de la semana en la religión judía, día de descanso

<u>Shoresh</u> – raíz, ámbito del deseo

<u>Sipuk</u> – placer, satisfacción

Tiferet – belleza

Yesod - fundamento

Yejidá – esencia única, alma

Zeir-anpin – rostro pequeño, grupo de seis sefirot

Zohar – Esplendor, (libro sagrado)

El Autor

Nacido y criado en Colombia y radicado en Israel. En las ciencias exactas, Abraham es licenciado en Informática del Technion – Instituto Tecnológico de Israel y posee también una Maestría en Matemáticas de la Universidad de Waterloo, Canadá. Su parte artística la sublimo con sus estudios de cine en la Universidad Ryerson, Toronto, Canadá. Abraham domina el inglés, el hebreo y el español.

Abraham tiene propiedades extremas y complementarias: Es idealista, soñador y artista, espiritual y sensible a la naturaleza, con un excelente poder de abstracción, pero también es realista, con los pies sobre la tierra, metódico e inmune a la fantasía. Tiene las características de Don Quijote pero también las de Sancho Panza, o como lo resume una poesía de Leonor Uribe Joseph que en su juventud, le compuso a Abraham: «Estas hecho de un calor frio, de un ardor alivio. Estas hecho de contrastes, de extremismo intenso, de sol y de viento. Eres niño y viejo, intenso o pálido reflejo. Eres de un dulce agresivo de un clamor pasivo. Desgaste agotador, el que tuvo Dios, al hacerte así, de ese frio calor».

Can la diaria bendición de poseer estas y otras cualidades, y como parte de su rutina, Abraham lleva muchos año estudiando y practicando el judaísmo. Ha explorado temas esotéricos, específicamente en el área de Cabalá por más de 25 años.

En su faceta realista y práctica, Abraham posee 40 años de experiencia profesional en análisis y consultoría de sistemas de información, computación y se mantiene actualizado en bases de datos. En su faceta artística, Abraham ha publicado artículos en diferentes temas e idiomas. Abraham dirigió, escribió y produjo algunos cortometrajes y con su película Beshert (Almas Gemelas), obtuvo un premio en un festival internacional. 'Beshert' es una historia de amor basada en la Cabalá. Abraham escribe y mantiene dos sitios web con actualidad israelí, uno en español (www.infopublico.com) y otro en inglés (www.todaynewsline.com).

De temprana edad Abraham comenzó a preguntarse si hay algo que sin poseer masa física o magnética, comunica o une a la gente. Algo intangible que aunque no se podía distinguir por ninguno de sus cinco sentidos, sí existía y lo unía a la gente. Un sistema «imperceptible» que une a la gente no importa cuán lejos se está físicamente, sin limitación de tiempo ni de espacio. Abraham comenzó a intuir la existencia del sistema espiritual.

La espiritualidad es razón y núcleo de todas las religiones, pero este libro no es de religión ni promueve ninguna en particular. El libro toma sus fuentes del Zohar.

Abraham nos trae en este libro un método estructurado para reconocer y manejar el sistema espiritual de cada uno de nosotros y explica en términos generales la composición o «código genético» espiritual de la persona.

Email: aaizenm@gmx.com

Para más información: www.abrahamaizenman.com